Poesia
e escolhas afetivas

entreCríticas

FRUTOS ESTRANHOS
Sobre a inespecificidade na estética contemporânea
Florencia Garramuño

POESIA E ESCOLHAS AFETIVAS
Edição e escrita na poesia contemporânea
Luciana di Leone

UMA LITERATURA FORA DE SI
Natalia Brizuela

LITERATURA E ÉTICA
Da forma para a força
Diana Klinger

Luciana di Leone

Poesia e escolhas afetivas

edição e escrita na poesia contemporânea

Rocco

Copyright do texto ©2014 Luciana di Leone

Coordenação Coleção Entrecríticas © Paloma Vidal

Direitos desta edição reservados à
EDITORA ROCCO LTDA.
Av. Presidente Wilson, 231 – 8º andar
20030-021 – Rio de Janeiro, RJ
Tel.: (21) 3525-2000 – Fax: (21) 3525-2001
rocco@rocco.com.br
www.rocco.com.br

Printed in Brazil/Impresso no Brasil

Preparação de originais
JULIA WÄHMANN

Editoração eletrônica
Susan Johnson

CIP-Brasil. Catalogação na fonte.
Sindicato Nacional dos Editores de Livros, RJ.

L593p   Leone, Luciana di
        Poesia e escolhas afetivas: edição e escrita na
        poesia contemporânea / Luciana di Leone. –
        1ª ed. – Rio de Janeiro: Rocco, 2014.

                              (Entrecríticas)

        ISBN 978-85-325-2906-0

        1. Poesia brasileira. 2. Crítica literária. I. Título.
        II. Série.

14-09914   CDD-869.91
                                CDU-821.134.3(81)-1

Sumário

Agradecimentos 9

Sobre o texto 11

Introdução 15

1. Pensamento contemporâneo: o afeto em pauta 29
2. Escolhas afetivas e edição de poesia 61
3. Poéticas do afeto: endereçamento, citação e nomes próprios ... 169
4. Repensando as escolhas afetivas: por um gesto crítico 213

Notas 223

Bibliografia 243

Sobre a autora 255

Para Helena e Mingo

Agradecimentos

Os agradecimentos são muitos. Primeiro, a Celia Pedrosa, pela orientação e a companhia ao longo da tese, primeira versão deste ensaio. A Diana Klinger, pelas suas leituras atentas e indicações de rumos que alentaram o texto em momentos cruciais. Ao querido Ítalo Moriconi, inspirador do tema do ensaio e mestre sempre.

Agradeço também as leituras atentas de Manoel Ricardo de Lima, Adalberto Müller, Antonio Andrade e Patrick Pessoa.

A Marília Garcia e Aníbal Cristobo, agradeço uma amizade inesperada, que cresceu no trajeto do texto.

Agradeço os diálogos afetivos com Laura Erber, Norberto Ferreras, Maria Verônica Secreto, Mario Cámara, Lucía Tennina, Florencia Garramuño, Gonzalo Aguilar, Marcos Siscar, Denilson Lopes, Susana Scramim, Carlito Azevedo, Ana Porrúa e Joca Wolff. A Elisa Tonon, por ser cúmplice destas páginas desde o começo e por me acolher na ilha. Um agradecimento especial a Paloma Vidal, pela oportunidade e por partilhar o excrcício incerto de pensar – sendo-o argentino-brasileiro.

A meus amigos de diversas geografias, que sempre faltam um pouco. A minha família, pelo aprendizado da distância. A Mingo e a Helena, por partilhar o tempo, os tempos. Minha comunidade sem comunidade.

Sobre o texto

Este texto nasce da minha tese de doutorado: "De trânsitos e afetos: alguma poesia argentina e brasileira do presente", defendida na Universidade Federal Fluminense no final de 2011. Por esse motivo, alguns tópicos do texto foram apresentados e publicados em eventos e meios acadêmicos nos quais participei ao longo dos quatro anos. Falei das questões aqui apresentadas sucessivas vezes: na Universidade Federal Fluminense, na Universidad de San Andrés (Argentina, 2009), no congresso da Abralic de 2011 na Universidade Federal do Paraná, na Escola de Comunicação da UFRJ, convidada por Denilson Lopes (2012), no Jalla de 2012 realizado na Universidad del Valle (Colômbia), nas quais receberam escutas atentas e comentários inspiradores. Ainda, foram publicadas versões anteriores de alguns trechos deste ensaio, e outras questões afins que não entraram nesta versão final, em alguns artigos na revista *Ipotesi* da Universidade Federal de Juiz de Fora (2008), na revista *Badebec* da Universidad Nacional de Rosario (2012), na revista *Gragoatá* da Universidade Federal Fluminense (2013) e nos livros *Experiencia, cuerpo y subjetividades: nuevas refle-*

xiones, organizado por mim, Mario Cámara e Lucía Tennina (Santiago Arcos, 2011), e *Poesia, teoria, crítica*, organizado por Susana Scramim, Ítalo Moriconi e Daniel Link (7Letras, 2012).

Hoje, depois de sucessivas reescritas e cortes, e depois da tentativa de diluir a dicção acadêmica que toda tese carrega, algumas dessas reflexões vêm à luz graças ao convite (rigoroso e afetivo) de Paloma Vidal.

Florianópolis, 2013.

Hablar de vos sería hablar de mí y no está mal.

– Andi Nachon

*Nem todo conflito implica um ato crítico,
nem toda reconciliação apaga as diferenças.*

– Denilson Lopes, *A delicadeza*

INTRODUÇÃO

*A linguagem poética existe em estado
de contínua travessia para o Outro.*

– Silviano Santiago, "Singular e anônimo"

*... tendentes sempre a procurar
a alteridade em um alter ego
semelhante em tudo e para tudo
ao ipse que pretenderiam refutar, e que
pelo contrário reproduzem duplicado.*

– Roberto Esposito, *Communitas*

Cenas de leitura: poesia que afeta (I)

"A linguagem poética existe em estado de contínua travessia para o Outro", diz Silviano Santiago em um artigo sobre a poesia de Ana Cristina Cesar (2002, p. 61), mas tentando esboçar uma pedagogia mais geral da leitura do poema. Nesse texto de 1982, Santiago se opõe, explicitamente, às definições da linguagem poética como intransitiva dadas pelo formalismo russo e o primeiro estruturalismo, alicerçadas na separação entre as diferentes esferas da sociedade, e na ideia ainda vigente de uma arte autônoma. Para eles, a linguagem poética estaria separada tanto da linguagem prosaica quanto da *vida*, da práxis vital, constituindo-se como um espaço fechado que conserva um sentido e uma plenitude perdidos.

De modo contrário, ao entender a linguagem poética como transitiva, Santiago reparte as responsabilidades: o poema é então entendido como um texto que solicita do leitor que propicie o desdobramento da significação, evitando a "morte" ou "esclerosamento" da linguagem que se produz ao procurar achar uma interpretação fechada, certa, verdadeira e final do que nele está escrito. Ao mesmo tempo, a solicitação será mais bem atendida se o próprio texto, em lugar de uma cena de leitura passiva, distante e contemplativa, e significados fechados ou estáveis, apresentar outros protocolos de leitura, como pode ser exemplificado com a poesia de Ana C. Seu livro *A teus pés* "desalimenta e desmistifica os equívocos do que podemos chamar de leitor autoritário (...), que enfrenta as exigências do poema com ideias preconcebidas e globalizantes" (SANTIAGO, 2002, p. 62), ao apresentar cenas de leitura nas quais leitor e poema se envolvem e incorporam, procedimentos de mistura de vozes e gêneros discursivos, que dão aos poemas formas e temas em aberto. Por exemplo, *Correspondência completa* coloca a armadilha entre uma leitura (puramente) biográfica e uma leitura (puramente) literária, mas o texto consegue fugir ou desconstruir a dicotomia mostrando a sua falsidade, pois, ao flagrar a intimidade e o biográfico como encenações, eles se tornam a intimidade e a biografia de todos e qualquer um, do "singular e anônimo". E ao passo que mostra a falsidade e o autoritarismo de leituras preconcebidas – só biográficas ou só literárias – encena outra cena de leitura possível, uma que não diferencia entre uma série exclusivamente poética ou prosaica, literária ou vital.

Poderíamos então dizer que, afinal de contas, a palavra poética implica uma transitividade, e, embora esta possa ser alimentada ou retalhada pelo próprio poema, só será efetivamente propiciada pela leitura: "Para penetrar no poema (para ressuscitá-lo no túmulo da escrita), é preciso tomar posse dele. (...) Não custa insistir: quem se exercita na leitura não é o autor, (...) mas o leitor" (idem, ibidem, p. 70). Portanto, o leitor não pode se subtrair, ignorar a própria presença frente ao texto; deve, pelo contrário, tomar posse, possuir o poema, *incorporá-lo*, sabendo que nesse movimento, ao mesmo tempo em que abre (revive) o corpo (morto) do poema, se abre à subjetividade que o enfrenta. Abre-se ao outro assumindo o risco da própria dissolução. Como diz Ana C.:

> olho muito tempo o corpo de um poema
> até perder de vista o que não seja corpo
> e sentir separado dentre os dentes
> um filete de sangue
> nas gengivas[1]

Como apontaria Roland Barthes (2004), leitura e escrita se acham dessa forma intimamente ligadas e mutuamente *afetadas*. O afeto, já desde suas mais simplificadas definições enciclopédicas, é definido como algo que se produz na relação entre dois – ou mais – corpos, pessoas, objetos, acontecimentos. "Afeto: sentimento tenro de afeição por pessoa ou animal. Afeição: ligação afetiva; sentimento amoroso em relação a.// inclinação, pendor para alguma coisa." Pensar, portanto, a transitividade da palavra poética e pensar a relação entre escrita e leitura implicam pensar na capacidade de *afetar* – "impressionar afetivamente; comover, sensibilizar// dizer respeito a, interessar, concernir; atingir" –, no poder de modificar e de ser modificada por aquilo que com ela se encontra, e em como ela se torna um efeito – um resto – desse encontro, encontro porém inseparável de um processo contínuo.

Daí depreende-se que nem a qualidade *transitiva* nem o *afeto* são prerrogativas da poesia contemporânea, nem da poesia argentina nem da brasileira. Porém, este ensaio se dedicará a elas por dois motivos: em primeiro lugar porque, embora trânsito e afeto não lhe sejam prerrogativas exclusivas, podemos, sim, observar que uma importante parte dos trabalhos poéticos produzidos nas últimas duas décadas no Brasil e na Argentina *se constrói explicitamente a partir de uma cena de leitura que alimenta as escolhas afetivas e alimenta a continuidade dos afetos produzidos e, ainda, explicitam essas escolhas como as que guiam os projetos*. Isso pode ser observado de forma bastante abrangente nas muitas publicações que aparecem, a partir da década de 1990, no que tem se chamado de revitalização da poesia, de um lado e outro da fronteira. Verifica-se tanto no nível editorial e de organização – seja no papel de editoras como 7Letras e VOX, ou Bajo la Luna, Alpharrabio, Tsé-Tsé e Azougue; seja no das revistas *Inimigo Rumor, Modo de Usar & Co.* e *VoxVirtual* ou *Plebella, Tsé-Tsé, Cacto, Azougue*; ou ainda nas diversas antologias aparecidas nesse período –, quanto nos procedimentos poéticos colocados em jogo na construção do poema – como nos casos da poesia de Aníbal Cristobo e Marília Garcia ou nas de Andi Nachon, Valeska de Aguirre, Carlito Azevedo, Marcos Siscar, Lucia Bianco ou Cecilia Pavón.

Em segundo lugar, porque essas produções não podem ser observadas sem pensar ao mesmo tempo no interesse que, nessas mesmas últimas décadas, o pensamento filosófico, sociológico e a crítica da arte têm demonstrado pela questão do relacional, pelos modos de viver junto, pelos coletivos artísticos, com os seus desdobramentos na reflexão sobre a grupalidade, a comunidade, as aproximações e as distâncias entre o eu e o outro, e os seus efeitos e afetos. A partir daí, uma análise da poesia contemporânea solicita uma reflexão sobre os afetos para entender, em todos os seus níveis, a dinâmica da sua produção.

Escolhas afetivas: explicitação
e desconfiança na poesia contemporânea

O que pensa o contacto (vozes do 23)

isto é um roçar de mãos? sigo
uma linha que se parte? acredito
em circulação instantânea? e em
sensações de linhas
que se partem?

a voz que se ouve é a
da menina com óculos ray-ban:
"sou feita tanto de forças criadoras
da vida quanto de ursos malabaristas:
três entre dez me encontram."

a voz que se ouve é a
do quarto-zagueiro: "de repente
passei a não gostar mais dessas cores,
essa velocidade, a teoria do valor."

a voz que se ouve é a do Tao
a voz que se ouve é a da irradiação no vácuo

> a voz que se ouve é a
> do ator: "quando fecho os olhos
> é noite, desespero, pedraria. Quando
> abro os olhos: de novo
> sensações de neblina."

Este poema pertence ao pequeno livro *jet-lag,* que, em 2002, Aníbal Cristobo publica pelo selo Moby Dick, coleção pirata e de baixo custo articulada por um grupo de pessoas próximas à editora 7Letras, do Rio de Janeiro. Porém, o autor do poema não é Aníbal Cristobo – embora, sim, seja autor do título, segundo acredita lembrar e pelo que sugere o espanholado *c* de "contacto" –, senão Carlito Azevedo. Informação que só é revelada na última página do livrinho, junto com as "verdadeiras autorias" de mais cinco dos poemas publicados.

Talvez *o poema e a sua situação de publicação* possam ser pensados como sintomáticos de um modo *de editar, escrever e ler* poesia que ganha força na produção poética do Brasil e da Argentina das últimas décadas. Modo de editar, escrever e ler que investe no que a edição, a escrita e a leitura têm de prática "coletiva", na qual o autor se dissemina, deixando de ser garantia do sentido e dono do escrito, deixando de apelar a uma "voz própria", e articulando diferentes tempos, espaços e vozes de forma não hierárquica nem identificatória.

De fato, é um poema que retoma o grande imperativo do pensamento contemporâneo que se apresenta como em negativo através da importância dada à insistente pergunta: "Quem fala?", mesmo que tenha uma resposta esquiva: "Não importa." O poema enfrenta obliquamente a questão ao encenar, em primeiro lugar, uma tentativa sempre falhada de falar por si, já que o eu não diz, não afirma, nada: apenas duvida, não sabendo sequer se acredita naquilo que enuncia.

Opta, então, e já que não consegue dizer, por ouvir – embora também não seja esta uma ação positiva do sujeito, mas algo quase inevitável, marcado pela impessoalidade do verbo: "se ouve". Mas as vozes que chegam, longe de "falar" dando informações, encenam novamente os impasses da relação entre elas mesmas e os sujeitos que as portam. Eles não realizam ação nenhuma, menos ainda a de *falar*, as vozes formam parte deles como algo heterogêneo, mantendo-se irredutíveis e inoperantes.

O poema monta, assim, dramaticamente uma série de dúvidas e perguntas, em torno do encontro de um eu consigo mesmo, com os outros, com a *sua voz*, sua língua, e o imperativo de procurá-la, mesmo sabendo que não é sua. De fato, uma das vozes que se ouvem, a do ator, fala com um verso de Mallarmé ¬ "é noite, desespero, pedraria" –, levando a problemática do contato e da voz própria ao cerne das relações com a tradição. E mostrando que o poema, seja ou não de poemas consagrados, é um dispositivo de citações, de aspas, de vozes ouvidas. Porém, é significativo que essa primeira dúvida venha a partir da ideia de contato corporal: "isto é um roçar de mãos?" Contato que remete a uma passagem fortuita, fugaz, da qual só restam, como diz Jean-Luc Nancy (2008), vestígios: as estrias, as cicatrizes, os arranhões, a pele ouriçada... O vestígio, aqui, é a pergunta, é o poema: "é isto um roçar de mãos?", "acredito em circulação instantânea?", são "linhas que se partem?".

O poema encena, assim, uma crise consigo mesmo e com seu tempo. Esta atitude de leitura implica tanto um pertencimento ou, melhor, uma participação, quanto um olhar crítico e distanciado, na esteira do que Giorgio Agamben chamara de *contemporâneo* (2009): atitude deslocada em relação ao próprio tempo e à identidade do sujeito que alicerça o *topos da crise*, do qual emerge "um ponto de vista sobre o lugar onde estamos, sobre as nossas 'condições de comunidade'" (SISCAR, 2010, p. 11). Mas o que me interessa apontar neste poema – assim como em outros de Carlito, de Aníbal Cristobo, de Marília García, de Andi Nachon – é que a crise do próprio lugar de enunciação aparece insistentemente associada ao – e modulada pelo – topos do *fazer junto*. Ou seja, trata-se de uma crise cuja particularidade é uma concentração e tematização da (im)possibilidade de se fazer uma comunidade. Daí que aquilo que o poema encena deva ser procurado – e por isso nos parece sintomático de um modo afetivo de *ler, escrever e editar* – nas formas de agrupamento que a poesia experiencia, mesmo fora do poema.

Por um lado, ao longo da década de 1990, com desdobramentos na primeira década do século XXI, opera-se tanto no campo da poesia brasileira como no campo da poesia argentina, o que tem se identificado como uma revitalização, "novo vigor", ou *boom*, constatável pelo aumento considerável de publicações de livros e revistas especializadas, pela proliferação de editoras, assim como pela "diversidade polêmica da recepção crítica que essas dicções têm gerado" (PEDROSA, 2001, p. 7).[2] Mas a crítica também tem observado, na configuração de grupos e edições dessa época, tanto a ausência de projeto ou de programa definido, como a pluralidade ou diversidade de vozes e dicções.

Porém, o que se pode pensar como o recuo da ideia de um projeto-guia, bem como a ausência de uma bandeira que albergue as diferentes singularidades sob um símbolo comum, não tem obliterado a vontade de agrupamento e de fazer junto, pelo contrário. Podemos apontar que, se algo caracteriza a produção das últimas décadas, são as trocas, as parcerias e os projetos coletivos. Fato ainda mais evidente se levarmos em conta a explicitação dessa vontade nas dedicatórias de livros ou poemas a outros poetas ou amigos, as citações mútuas, os agradecimentos públicos, os prefácios, posfácios e orelhas, todas práticas tradicionais na vida literária, mas significativa e insistentemente reencenada pela poesia das últimas décadas.

O que rege a vontade de se agrupar, então, se não há um programa poético anunciado? Sem se constituir em programa explícito, tanto a organização desse campo revitalizado em cada um dos países quanto os seus contatos parecem compartilhar um valor de referência que não traz uma definição prévia: esvaziada de projetos preconcebidos, o que rege a vontade de se agrupar é a vontade de se agrupar, escolher estar junto, estabelecer um contato, escolher se afetar. Como em um círculo, o "conteúdo programático" da prática é a própria prática: o trabalho a partir da afetividade e da potência transitiva da poesia, e o seu estímulo, embora sem silenciar suas tensões e aporias.

As escolhas afetivas na poesia (e para além dela) vêm, portanto, problematizar a relação entre o eu e o outro e, em decorrência, a fronteira entre público e privado, recolocando no centro da discussão o viés relacional da poesia e sua participação no mundo, ou seja, a sua não autonomia. Este livro se dedica, então, a pensar na definição que muitos poetas fazem das suas escolhas poéticas como *afetivas*, critério que tanto surge da experiência do convívio quanto opera na formação de grupos, na organização de coletivos de produção e nos mecanismos de consagração e visibilidade, através de revistas, editoras especializadas, oficinas, encontros.

Pensando a poesia contemporânea argentina e brasileira, este livro se dedica, no final das contas, a pensar a possibilidade de viver junto.

1. PENSAMENTO CONTEMPORÂNEO: O AFETO EM PAUTA

*Pensar a comunidade: nada parece
mais à ordem do dia, nada mais
solicitado, reclamado, anunciado por uma
conjuntura que, numa mesma época, coaduna
o fracasso de todos os comunismos
à miséria dos novos individualismos.*

Roberto Esposito, *Communitas*

A explicitação do critério afetivo na poesia do presente não é, como apontamos, um fato isolado. Mostra-se em sintonia com uma preocupação que percorre – e se intensifica nesse percurso – a reflexão filosófica e estética das últimas décadas: a preocupação com o relacional, que se evidencia na centralidade que adquirem as noções de comunidade e amizade e, de forma contundente, a de afetividade. Nesse sentido, a questão das escolhas afetivas vem participar de certo espírito de época, certo *zeitgeist* do qual é necessário apresentar algumas das suas diversas modulações teóricas, críticas e práticas, para poder ouvir os diferentes acordes – harmônicos ou dissonantes – que se apresentam na poesia contemporânea.

O afeto em questão: a crítica, entre a passividade e a potência de agir

Talvez o grande marco filosófico para abordar a questão do afeto na contemporaneidade esteja dado por Spinoza na sua *Ética* (1661-1675) e, retrospectivamente, pelas releituras que Gilles Deleuze realiza tanto em *Spinoza: filosofia prática* (1970), quanto nos seus cursos de 1978, que se desdobram em *Mil platôs* (1980) e *O que é a filosofia?* (1992), escritos – não por acaso – junto com Félix Guattari. Segundo assinala Deleuze, haveria que começar fazendo-se uma distinção entre *afeto* e *afecção*, distinção que já está presente no uso que Spinoza faz de dois termos em latim, na *Ética*: *affectio*, traduzido por afecção, e *affectus* traduzido como afeto.

O conceito de *affectio* ou afecção é, "numa primeira determinação, (...) o estado de um corpo considerado como sofrendo a ação de um outro" (DELEUZE, 1978), o que implica uma mistura de dois corpos. O homem, enquanto ser consciente, recolhe apenas os efeitos desses encontros, que se dão na forma de paixões: alegria ou tristeza. Já o *afeto* supõe a *afecção*, ou seja, um *afeto* necessariamente provém dela, porém não se reduz a ela.

Embora diferentes, tanto *afecção* quanto *afeto* nos parecem implicadas na ideia de *escolha afetiva*. Por esse motivo, a utilização que faremos da palavra *afeto* comporta as duas acepções, que só serão desvinculadas quando for necessário. A noção de *afeto* será entendida na sua dupla referência: como afecção e como sentimento, para referir e insistir na sua dinâmica relacional, pela qual os sujeitos e discursos implicados sao vulnerados, desfigurados e reconfigurados por essa força que varia de forma contínua. Portanto, estamos dentro de um paradigma no qual a ideia de afeto se afasta de qualquer associação com a expressão de uma interioridade inatingível, que marcará a definição romântica e escolar de lírica. Pelo contrário, o *afeto* se dá como resultado de uma relação onde a fronteira entre interior e exterior já não é determinável. Resultado dos efeitos da passagem de um corpo – que bem pode ser uma voz, um texto, um fantasma – sobre outro, de uma mútua modificação, e não da expressão unidirecional de um sentimento mais ou menos puro.

Mas, para pensar as escolhas afetivas, haverá que se levar em conta a qualidade ética dos afetos. Ao falar das características dessas mútuas modificações, Spinoza não utiliza as noções de Bem ou Mal, senão *o bom* e *o mau*. Em um primeiro sentido, objetivo e parcial, *bom* seria aquilo que convém à própria natureza, pois, ao se colocar em relação com aquilo, o corpo aumentaria a própria potência de agir (por exemplo, o corpo animal ao entrar em contato com um alimento nutritivo), enquanto o *mau* seria aquilo que, estabelecida uma relação, decompõe o próprio corpo (por exemplo, um veneno). Mas existe um outro sentido desses termos, subjetivo e mais abrangente, que tem a ver com os modos de existência. Os modos de existência estarão determinados pela capacidade de organização dos encontros, de procurar aqueles que convêm à própria natureza e aumentam a sua potência (*bom*) ou a entrega ao acaso dos encontros (*mau*), completamente escrava de seus efeitos. *Bom* e *mau*, então, são os sentidos de variação da potência de agir:

> O que dispõe o corpo humano de sorte que ele possa ser afetado de maior número de modos ou que o torne apto para afetar os corpos externos de maior número de modos é útil [bom] ao homem; e tanto mais útil quanto o corpo se torna mais apto para ser afetado e afetar outros corpos de várias maneiras; é nocivo, ao contrário, o que diminui esta aptidão do corpo. (SPINOZA, 1965, p. 260)

Um indivíduo, nesse sentido, tem um grau de potência ao que corresponde certo poder de afetar e ser afetado. A potência de agir aumenta quando somos afetados por uma paixão de alegria; as paixões de tristeza, pelo contrário, nos afastam da potência de agir, e nos alienam. Assim, um dos problemas práticos da *Ética* spinoziana seria, segundo Deleuze: "*Como alcançar um máximo de paixões alegres*, e, a partir daí, como passar aos sentimentos livres ativos (quando o nosso lugar na Natureza parece condenar-nos aos maus encontros e às tristezas)?" (2002, p. 34) Dessa forma, tanto Spinoza quanto Deleuze associam a ética a uma prática que se dá nas escolhas. Certamente, Spinoza valora de forma positiva o controle dos encontros pela Razão. "A Razão, em vez de flutuar ao acaso dos encontros, procura unir-nos às coisas e aos seres cuja relação se compõe diretamente com a nossa." (idem, ibidem, p. 61) Porém, numa interpretação radicalizada desse controle dos encontros pela Razão parece residir uma armadilha, na qual as *escolhas afetivas* que organizam as formas de agrupamento e relacionamento articuladas pela poesia contemporânea – e pela nossa sociedade, de forma geral – parecem cair, tanto quanto a tentam driblar: que a ideia de "útil próprio", e com ela a noção de *bom*, se assimile com a ideia de *semelhança*. O risco de confundir aquilo que aumenta a potência de agir procurando *o bom comum* com aquilo que, narcisicamente, em lugar de estabelecer continuidade, me repete, me identifica, me localiza.

A diferença entre a potência do afeto e o afeto subjetivado (isto é, para Deleuze, a ínfima e abissal diferença entre movimento e catatonia), entre a comunidade de iguais ou a comunidade baseada em relações dissimétricas com o

Outro, deverá balizar nosso percurso por entre as escolhas afetivas que se operam formando e deformando a poesia ou, o que é o mesmo, o campo da poesia contemporânea para, criticamente, entender quando a potência dos encontros dessubjetivados é ativada, e quando é obliterada e desativada por relações especulares ou narcísicas e pelos elogios vazios de certa crítica. Os afetos só podem ser problemáticos, ou não serão afetos. Assim como uma teoria dos afetos deverá se mostrar afetada, no mínimo, por si própria.[3]

O retorno da comunidade:
entre o próprio e o comum

A reflexão em torno das escolhas afetivas, partindo de uma definição de afeto como uma força que coloca em crise toda constituição estável no seu contato com aquilo que lhe é diverso, nos leva a pensar no corpo múltiplo e heterogêneo, constituído por um *continuum* de afetos, ao qual estes dão forma. A pergunta obrigatória é: o que têm em comum as partes desse corpo heterogêneo? A pergunta obrigatória é, então, a pergunta pela comunidade.

Diz Roberto Esposito:

> 1. Pensar a comunidade: nada parece mais à ordem
> do dia, nada mais solicitado, reclamado, anunciado
> por uma conjuntura que, numa mesma época, coa-
> duna o fracasso de todos os comunismos à miséria
> dos novos individualismos. (2007, p. 21)[4]

Pensar a comunidade é aqui, antes de mais nada, *re-pensá-la*. Daí que seja possível falar num *retorno da comunidade*. Um retorno que se dá, como mostram diferentes estudos,[5] tanto por um interesse epistemológico e filosófico quanto pela articulação de grande quantidade de tentativas práticas de aplicação dessa reflexão em projetos "comunitários" – coletivos, grupais – concretos, sejam artísticos ou culturais.

No campo da filosofia, a volta sobre a questão é demarcada por um radical afastamento de definições anteriores. As colocações de filósofos como Jean-Luc Nancy (*A comunidade inoperante*, 1986), Maurice Blanchot (*A comunidade inconfessável*, 1983), Giorgio Agamben (*A comunidade que vem*, 1990) e Roberto Esposito (*Communitas*, 1998) – que, não por acaso, bebem no pensamento de Georges Bataille – são tentativas de retirar a ideia de comunidade tanto de uma concepção pré-moderna, evocada de forma nostálgica e restauradora, quanto de fantasias neocomunitaristas, que mantêm o sujeito como pilar da comunidade, aumentando inclusive a sua importância.[6] Eles concordam quanto à necessidade de afastar a noção de comunidade da apropriação feita pelas ideologias totalitárias que povoaram a primeira metade do século XX, que alicerçavam a comunidade utópica que perseguiam em uma ideia de *comum* predefinida, baseada em traços identitários, de raça, origem, religião ou ideologia, que seriam anteriores e superiores – em um esquema idealista – à constituição dessa comunidade. Mas também concordam quanto à necessidade de reconvocar a noção como uma forma de resistência frente ao individualismo da sociedade capitalista e à centralidade do sujeito, que se mostram como a contraface subsidiária das utopias comunitárias. Daí que o desafio desses pensadores pós-humanistas, nas palavras de Jean-Luc Nancy, tenha como ponto de partida a própria *crise do comum*, a contraposição e o afastamento das tentativas de realização de uma ideia prévia, essencial e platônica de comunidade:

> Que a obra de morte (...) tenha se levado adiante em nome da comunidade (...) é o que colocou fim a

> toda possibilidade de basear-se sobre qualquer forma
> do *dado* do ser comum (sangue, sustância, filiação,
> essência, origem, natureza, consagração, escolha,
> identidade orgânica ou mística). (NANCY, 2007 [b],
> p. 11)

A comunidade deve ser pensada, então, a partir da impossibilidade de continuar vislumbrando o *dado*, um elemento prévio – original, essencial –, como a base do *ser-em-comum*. Pelo contrário, a comunidade basear-se-ia no "nada-em-comum". Na verdade, segundo Nancy, pensar a existência em comum é pensar a existência a seca, pois o *ser-em-comum* prescindiria de qualquer definição do ser enquanto identidade. Pensar, portanto, o comum é pensar além ou aquém das identificações, é pensar a existência sem atributos. A comunidade avaliada, então, a partir da catástrofe dos comunitarismos é não totalizadora, não utilitarista, não utópica e não filial. A partir daí, a comunidade passa a ser evidenciada como uma *relação*, onde as identidades não são anteriores ao encontro, nem adquirirão uma forma estável depois dele.

Não surpreende, desse modo, que as formas pelas quais a comunidade é adjetivada por esses filósofos sejam, em primeiro lugar, da ordem da negatividade: "a comunidade dos que não têm comunidade", segundo Bataille; "a comunidade inoperante", de Jean-Luc Nancy; "a comunidade inconfessável", de Blanchot; "a comunidade como o risco de perder a própria subjetividade", para Esposito. Assim como não surpreende o compartilhamento da preocupação que circula nesses textos filosóficos, que declaram dívidas mútuas na constituição das suas reflexões e certa, talvez paradoxal, "filiação" ao pensamento de Nietzsche e principalmente de Bataille. Em *La communauté inavouable* [A comunidade inconfessável], Blanchot retoma um artigo de Jean-Luc Nancy, "La communauté désouvrée" [A comunidade des-obrada ou inoperante], germe do livro homônimo, em que se desenha o homem como o Outro de si mesmo. Nancy recupera, de fato, o "princípio de incompletude" ou "de insuficiência" de Georges Bataille, a partir do qual o homem procuraria recuperar a continuidade perdida com os outros seres, se aproximando da experiência de morte – seja através da experiência erótica, da mística ou da artística.[7] A partir daí, Blanchot argumenta que:

> (...) se a relação [rapport] do homem com o homem deixasse de ser a relação do Mesmo com o Mesmo, e introduzisse o Outro como irredutível e, na sua igual-

> dade, sempre em dissimetria ao respeito daquele que o considera, teríamos um outro tipo de relação se impondo e impondo uma outra forma de sociedade.
> (2005, p. 12)

Esse conjunto de relações em que a reciprocidade se dá necessariamente a partir de uma forma assimétrica e aberta ao Outro, portanto, só poderá ser chamado de comunidade se levada em conta a *ausência* de comunidade que lhe é constitutiva, tal como já apontara Bataille.

De fato, também o fizera Roberto Esposito, em *Communitas: origen y destino de la comunidad*, identificando na obra de Georges Bataille um *destino* possível para uma comunidade baseada, efetivamente, no não comum e na morte do sujeito. Esposito argumenta que a modernidade alicerçou a sua ideia de sociedade e comunidade numa interpretação equívoca do termo *comum*. As fantasias comunitaristas e neocomunitaristas do século XX teriam concebido a comunidade como um encontro de *sujeitos*, mas *sujeitos* "com todas as suas irrenunciáveis conotações metafísicas de unidade, absoluto, interioridade" (ESPOSITO, 2007 [a], p. 22). A comunidade almejada seria aquela em que a relação intersubjetiva se dá com o Mesmo, uma espécie de alter ego, um sujeito igualmente unitário, e o *ipse*, que a própria fantasia comunitária, como diz Esposito, desejaria refutar. Seja como uma tentativa de colocar em comum o que em nós é próprio, como nas propostas comunicativas e intersubjetivas, seja para nos apropriar do que não é nosso para torná-lo comum, nos comunismos, a comunidade continua ligada a uma semântica do próprio.

> O dado mais paradoxal da questão é que o "comum" se identifica com seu mais evidente oposto: é comum aquilo que une em uma única identidade à propriedade – étnica, territorial, espiritual – de cada um dos seus membros. Eles têm em comum aquilo que lhes é próprio, são proprietários daquilo que lhes é comum.
> (ESPOSITO, 2007 [a], p. 25)

Ao restabelecer a oposição fundamental entre *comum* e *próprio*, torna-se impossível pensar a relação dos sujeitos a partir de um princípio de identificação, onde a comunicação entre eles é transparente e plena.

Ao alicerçar a comunidade no ascetismo, a modernidade inverteu o significado da comunidade, argumenta Esposito, assimilando o termo ao seu oposto: *imunidade*. Para o filósofo, talvez seja esse o termo mais adequado para definir todo o paradigma moderno, em lugar de noções como "secularização", "racionalização" ou "legitimação", que não conseguem expressar a total centralização do sujeito e a sua radical negação do *comum*: esse "'projeto imunitário' da modernidade" se alça contra qualquer convivência associativa, mesmo aquelas que pretendem ser desenvolvidas pelas instituições modernas (ESPOSITO, p. 40). O termo "imunidade" aponta, claro está, o fechamento a qualquer tipo de contágio; o sujeito imunizado (ou blindado) não pode ser afetado por doenças ou qualquer outra ameaça a sua integridade e pureza. O sujeito moderno se quer programaticamente invulnerável frente ao diferente, daqui que o seu oposto – isto é, a comunidade – esteja necessariamente vinculada à lógica da vulnerabilidade, da afecção, do afeto e do contágio. A *comunidade,* tal e como nos interessa, implica a perda violenta dos limites que, até pouco tempo atrás, conferiam identidade e asseguravam a subsistência. Tomar parte nela implica assumir o risco da própria dissolução.

Agamben também reconhece em *A comunidade que vem* que as nossas sociedades se constroem sobre essa dialética entre o comum e o próprio apontada por Esposito. À situação contemporânea, na qual o sujeito tende a se apropriar de uma identidade que para ele tem se convertido em totalmente imprópria e insignificante, Agamben opõe a necessidade de pensar a comunidade que vem, conformada pelo *ser que vem*, cuja identidade não é aquilo que define suas relações com os Outros. "O ser que vem é o ser qualquer; (...) *quodlibet ens* não é 'o ser, não importa qual', senão 'o ser tal que, seja qual for, importa', este termo contém já desde sempre um reenvio à vontade (*libeti*): o ser qual-se-*quer* está em relação original com o desejo." (AGAMBEN, 2006, p. 11) Mas é um desejo movido não por uma qualidade ou propriedade do ser amado – ser branco, pequeno, doce ou vermelho, exemplifica Agamben – mas que tampouco torna essas especificidades prescindíveis em nome da abstração universal.

Assim, retomando o risco de dissolução apontado por Esposito, "o risco mais extremo: o de perder, com a própria individualidade, os limites que garantem a sua intangibilidade por parte do outro" (2007 [a], p. 20), Agamben pensa na possibilidade de, mesmo dissolvendo as fronteiras do indivíduo, poder observar as singularidades. A comunidade que vem pensada por ele não é, de fato, uma comunidade fusional, onde se conforma um grande e único sujeito. Haveria nela – mesmo sem perder o gesto de dissolução apontado nos outros pensadores – um movimento de recuperação da singularidade a partir do comum.

Só a partir dessa tentativa de pensar a junção crítica da singularidade e da comunidade é que será possível pensar a forma de agrupamento de artistas que nos interessa – e muitas outras formas de agrupamento – onde, ainda, as singularidades, mesmo se assumindo como construídas por diversas vozes, têm a sua vez.

Entre a rede e o ser, entre os outros e o eu

> *Nossas sociedades estão cada vez mais estruturadas em uma oposição bipolar entre a Rede e o Ser.*
> Manuel Castells, *Sociedade em rede*

Se a ideia de *escolha afetiva* como força organizadora deve ser associada, então, à questão do afeto e da comunidade tal como recolocadas pela filosofia nas últimas décadas, também aponta para preocupações sociológicas em relação à sociedade contemporânea e seus sistemas reticulares de organização da economia e da comunicação, pois nelas se evidenciam as mesmas tensões – entre o próprio e o comum, entre a centralidade do sujeito e a sua dissolução – que banham a reflexão filosófica.

O final do século XX pode ser considerado um momento no qual se evidenciam as profundas mudanças no paradigma capitalista de produção econômica e cultural – isto é, material e simbólica – que vinham se operando desde meados do século, e que repercutem em uma crise estrutural, quase um colapso, dos sistemas de representação: da legitimidade das estruturas políticas e da democracia representativa. Abalados os grandes projetos ideológicos, a História, o sentido, os grandes relatos históricos – *grand récits* – e a possibilidade de construir heróis políticos, estudados por Lyotard, entram em cena atores e formas de organização e comunicação que até então tinham uma capacidade de intervenção limitada. As pequenas organizações não governamentais, as cooperativas, os pequenos grupos, ou formas de organização não hierárquicas e de crescimento não verticalizado que trazem objetivos que Deleuze e Guattari conceituaram como "menores" e estratégias "rizomáticas" ou de "máquina de guerra".

Como identificará Manuel Castells ao longo do seu livro *A sociedade em rede*, neste momento de revisão do sistema capitalista, têm um particular impacto o desenvolvimento da tecnologia e o surgimento de novos modos e meios de comunicação, que permitem a organização dos encontros entre pessoas não já em estruturas hierarquizadas, verticais e institucionalizadas, mas em uma rede em permanente expansão, onde "o poder dos fluxos é mais importante que os fluxos de poder" (CASTELLS, 1999, p. 497). A rede constitui a nova morfologia social e modifica também os resultados da experiência pessoal e comunitária.

A reticularização das relações sociais não se dá, no entanto, de forma unívoca ou sem contestações; pelo contrário, ela se produz a partir de movimentos permanentes de desterritorialização e reterritorialização, para usar os termos deleuzianos. E, ao mesmo tempo em que propõe uma expansão não hierarquizada e permite encontros inesperados com o diferente, tende a ser um espaço onde o sujeito se lança na procura de *identificações primárias*.

Michel Maffesoli (1987) argumenta que em todo processo de identificação de um sujeito com um grupo existe um processo de desindividualização, que é vivenciado tanto pelo sujeito quanto pelos outros integrantes como a construção de uma identidade particular. Essa mesma particularidade é radicalizada pelo desenvolvimento dos meios de comunicação: sem sair do aconchego do lar, da ilha do computador e de toda uma série de tecnologias ao mesmo tempo "exclusivas" e "democráticas",[8] o indivíduo se empenha em fazer parte de *comunidades* definidas por identidades claras. As novas tecnologias, portanto, permitem esse movimento e o aprofundam. O sujeito procura na nova conectividade uma identidade partilhada e de certa forma restauradora dos antigos laços de referência: família, nação, raça ou escola. É evidente, nesse sentido, a estonteante quantidade de comunidades virtuais aparecidas nas últimas décadas que, no entanto, veiculam um contato mínimo do sujeito com outros sujeitos, porque ao se articularem em torno de uma definição identitária excludente, que relaciona o mesmo com o mesmo, o outro nunca chega a aparecer, ou aparece apenas como fantasma que deve ser combatido.

Nesse sentido, segundo Castells, as sociedades da informação, embora de estrutura reticular, se caracterizam pela preeminência da identidade no seu princípio organizacional. Poder-se-ia objetar que, na verdade, a organização dos modos de produção e desenvolvimento social em torno do dado identitário não é um fenômeno novo ou exclusivo da sociedade informatizada. Pelo contrário, ela opera como núcleo organizador desde os inícios das sociedades modernas, mas haveria uma modulação particular da tensão entre a identidade e a expansão, própria dos tempos da chamada globalização:

> Nesse mundo de mudanças confusas e incontroladas, as pessoas tendem a reagrupar-se em torno de identidades primárias: religiosas, étnicas, territoriais, nacionais. (...) Cada vez mais, as pessoas organizam seu significado não em torno do que fazem, mas com base no que elas são ou acreditam que são. (...) *Nossas sociedades estão cada vez mais estruturadas em uma oposição bipolar entre a Rede e o Ser.* (CASTELLS, 1999, p. 23. Grifos do autor)

A expressão parece acertada. A necessidade de "ter uma vida própria", diz Ulrich Beck,[9] talvez seja o último sentimento compartilhado universalmente, necessidade de afirmação identitária que reenviaria para a vida em sociedade uma "verdade" ou "autenticidade" original que ela teria perdido. Por um lado, então, a rede subverte um conceito ocidental e tradicional de sujeito, colocando-o em risco de dissolução no encontro com outros sujeitos; e, por outro, se apresenta como o campo onde as identidades particularistas reagem defensivamente à expansão instrumental das novas formas de contato. O risco da dissolução é enfrentado com a defesa da personalidade, da identidade e da intimidade como núcleo protegido do *eu*, mesmo que ele deva ser exibido e espetacularizado.

De fato, as últimas décadas, ao mesmo tempo em que viram florescer no campo epistemológico e estético a preocupação com o relacional, o coletivo e a comunidade, viram retornar – talvez de forma mais contundente – a questão do sujeito e do autor, desta vez inserido em um sistema de exibicionismo próprio da sociedade do espetáculo, onde as "personalidades" são convidadas a *se mostrarem*. Paula Sibilia, em *O show do eu*, acompanha o processo de espetacularização da intimidade e dá principal importância às novas formas de escrita surgidas em torno da internet, que introjetam o privado no público e vice-versa, mostrando-se como práticas ao mesmo tempo "confessionais" e divididas com milhões de usuários. Também nesse sentido pode ser observada a importância aumentada nas últimas décadas da retórica da autobiografia, do autorretrato, da autoficção: as diversas modulações do que se entende por *escritas de si*.

Como analisa Diana Klinger em *Escritas de si, escritas do outro* (2007), essas marcas "do autor" não podem ser pensadas como exclusivas da nossa época, dado que da Antiguidade até os nossos dias a atividade da escrita pode ser observada, em primeira instância, como um espaço de performação do sujeito. Mesmo depois da desconstrução operada por Nietzsche do sujeito cartesiano, fundamentado em ideias de interioridade e autoconsciência – *cogito ergo sum* –, e da definição estruturalista do autor como mero efeito da estrutura textual e, portanto, inexistente fora da linguagem como garantia e origem do sentido, ainda pode ser verificado um interesse pelo autor. Interesse que impactará a identificação de um "retorno do autor". Para Klinger, a *escrita de si* não pode ser entendida sem se levar em conta que ela se apresenta, em primeiro lugar, como endereçada a um outro, que por sua vez também é *escrito* nesse texto. Ao mesmo tempo que o *eu* se exibe, que o privado se torna visível, se estilhaçam as antigas formas de autoconstrução e a noção de interioridade que alicerçavam o sujeito moderno, insistindo no caráter relacional da construção dessa subjetividade.

As escritas de si parecem ser, desse modo, sintomas da tensão existente entre a *cultura do eu* e a *vontade relacional* da sociedade contemporânea, entre o *ser* e a *rede*. Tensão que na poesia encontra um tabuleiro para jogar a sua partida, e poder não resolvê-la.

Agrupamentos artísticos: uma questão de sentir

Se os estudos da chamada *virada afetiva* mostram que, nas últimas décadas, dá-se uma mudança de foco para o combate ao *status quo* por parte da indústria cultural, das práticas sociais e das iniciativas artísticas, passando a ser "aquele que diz respeito à organização do desejo e à vida dos afetos" (BREA, 2004, p. 18), o critério de originalidade para a criação artística se desbota dando passo à tarefa de mediação entre o sujeito do desejo e os objetos de consumo.

José Luis Brea em *Tercer umbral* [Terceiro limiar] vai apontar o trabalho sobre as economias libidinais – realizado principalmente pelas neovanguardas – e a aparição do corpo em cena, que passam a refletir em torno da dissolução de um existir separado do artístico, como intimamente relacionados a formas de produção e circulação artística que já não se alicerçam na figura do autor. Ganham visibilidade aquelas que, pelo contrário, se mostram capazes de *organizar* esses afetos – inclusive retomando a perspectiva de Spinoza. Assim, práticas de edição, organização, antologização e curadoria se tornam matrizes para a produção de trabalhos coletivos ou individuais que partem de premissas de *perlaboração* e *uso* da tradição disponível. Dessa forma, o sentido do trabalho artístico se redefine enquanto mediação e intervenção, e já não como uma proposta autônoma e negativa em relação a outras esferas da sociedade.

Essa economia libidinal e afetiva apontada por Brea está na base da definição que Mario Perniola dá, em *Do sentir*, da nossa época, como uma época estética:

> É justamente no plano do sentir que a nossa época exerceu o seu poder, (...) a partir dos anos 60. Parece ser precisamente nesse território [o da *aisthesis*] que se jogam as partidas decisivas, que se estabelecem e se desfazem as relações privadas e sociais, que se desenham e se cumprem os destinos de cada um e das coletividades. (1993, p. 12)

No entanto, para Perniola, esse sentir não se apresenta como consequência da experimentação ou da participação sensorial e emotiva perante objetos, pessoas ou acontecimentos. Pelo contrário, o paradoxo da contemporaneidade é que, se o sentir é a marca da nossa época, é porque tudo se apresenta ao sujeito como *já sentido*, um sentir já determinado. Perniola argumenta que o sentir "adquiriu uma dimensão anônima, impessoal, socializada" (ibidem, p. 13), transferindo-o para a sociedade num processo de *alheamento*, tornando o sentir uma experiência essencialmente passiva.[10] A experiência do sentir se apresenta deslocada para fora de nós, enquanto só nos resta um sentir que vem seguir, repetir e ecoar o já sentido. A apresentação do mundo como já sentido anula toda possibilidade de diferenciação e de des-determinação, de ação e, inclusive, de experiência. Perniola define com o termo *sensologia* essa "transformação da ideologia numa nova forma de poder, que acredita ter um consenso plebiscitário fundado em fatores afetivos e sensoriais" (2006, p. 20), que criam uma ilusão de restauração da individualidade e da identidade, ali onde o sentir se apresenta como algo a ser repetido.

A forma de se contrapor a esse já sentido, segundo Perniola, estaria no entanto também na estética dominante dos afetos, só que num *uso* singularizado. Não se trata, claro está, da impossível restauração de um sentir subjetivo, interior e privado, que mostrara suas falhas alicerçando os modernos individualismos e, ainda, as fantasias comunitaristas. Trata-se, segundo Perniola, de um *fazer-se sentir*. Tornar o sentir uma forma de ação.

> O sentir é sempre seletivo: somos nós que estabelecemos quais são as portas que devemos abrir ou fechar. (...) Se por um lado a dimensão afetiva é desde logo uma operação intelectual, por outro a dimensão intelectual é desde logo uma recepção afetiva. (1993, p. 103)

Essa noção ativa e não contraposta à razão aproxima o *fazer-se sentir* da potência do afeto apontada por Spinoza. Se, para Perniola, a sociedade em rede abre possibilidades de ação, é contra a *sensologia* ou contra a comunicação homogeneizadora e aplanadora de todas as diferenças que os artistas devem orientar a sua ação. Em lugar de gerenciar o "especularismo sensitivo" ou de manipular "os sentidos coletivos" (ibidem, p. 20), a tarefa ética e estética do artista é realizar o trânsito, de ida e volta, entre o comum e o singular, e esse trânsito é pautado pela escolha como ação, pela escolha afetiva como ação.

A estética relacional: autonomia em questão

Relacionamentos e sentir permeiam, como vemos, o pensamento das últimas décadas, e a arte não escapa dessa condição. Nicolas Bourriaud argumenta, em seu livro *Estética relacional*, que, a partir da década de 1990, "a partida mais animadamente disputada no tabuleiro da arte se desenvolve em função de noções interativas, conviviais e relacionais" (2009, p. 11).[11] Aparece uma preocupação teórica com as obras de arte "em função das relações inter-humanas que elas figuram, produzem ou criam" (2009, p. 151),[12] afastando a reflexão artística de um espaço autônomo e privativo, compensatório das fraturas da sociedade.[13] Diz Bourriaud:

> *Toda obra de arte pode ser definida como um objeto relacional,* como o lugar geométrico de uma negociação com inúmeros correspondentes e destinatários. Cremos ser possível explicar *a especificidade da arte atual* com o auxílio da ideia de *produção de relações externas ao campo da arte* (...): relações entre indivíduos ou grupos, entre o artista e o mundo e, por transitividade, relações entre o espectador e o mundo. (2009, p. 38. Grifos meus)

Bourriaud está pensando, de fato, no campo das artes e na proliferação da performance, de intervenções e de eventos que implicam a participação do público – tornando obsoleto o termo espectador –, que passa a modificar a própria "obra". Mas o movimento é significativo para além desses exemplos: a especificidade da arte não se encontra já no trabalho peculiar com a linguagem ou os materiais, mas nas relações que ela pode estabelecer com aquilo que está fora do seu "campo". Instala-se novamente a tensão entre especificidade e heterogeneidade, que ecoa na relação entre o próprio e o impróprio, entre a sociedade e a rede, entre o singular e a comunidade, que também poderá ser observada no campo da literatura.

Poder-se-ia pensar que grande parte da literatura contemporânea encena a vontade de incorporar no seu seio aquilo que não é literatura, ou que coloca em questão a *especificidade literária*, resultando em textos que não mais se definem pela adesão a um projeto literário exclusivo, isto é, medido por critérios de valor modernos, alicerçados na novidade, na literariedade, no estranhamento ou na negatividade, tal como coloca Florencia Garramuño em "La literatura en un campo expansivo y la indisciplina del comparatismo" (2009).[14]

Ali, Garramuño analisava uma série de produções literárias contemporâneas que participariam, segundo ela, de um movimento de expansão dos limites do próprio campo disciplinar. Isto é, a partir do conceito trabalhado por Rosalind Krauss em relação ao campo da escultura – que durante as últimas décadas do século XX estendera as suas fronteiras utilizando procedimentos e formatos próprios, entre outros o da arquitetura –, Garramuño entendia que textos como *Nove noites*, de Bernardo Carvalho, muitos dos de João Gilberto Noll, *Água viva*, de Clarice Lispector, ou *O roubo do silêncio*, de Marcos Siscar, seriam exemplos de um tipo de literatura que exprime a necessidade de se relacionar com outros discursos, mostrando que o "literário" não é algo *dado* ou construído, mas questionado. Esses textos cifram, nessa heterogeneidade que os constitui, uma "vontade de imbricar as práticas literárias no convívio com a experiência contemporânea" (GARRAMUÑO, 2009, p. 103). Garramuño se colocava ainda a pergunta sobre se essa expansão da especificidade da literatura, se essa articulação com a experiência contemporânea para além de parâmetros disciplinares que os textos postulam, não poderia inspirar uma outra forma de enfrentar a pesquisa comparada. Qual seria a possibilidade de comparar textos que abandonaram a ideia de um campo literário estável? Novamente, o que seria o *comum* que aproxima os textos para uma comparação? Garramuño coloca de uma forma definida a intenção de uma crítica que, em lugar de observar o texto como um objeto fechado, propõe conexões conceituais a partir da interação entre o próprio olhar e o campo, percorrer os fluxos que atravessam e descentralizam tanto os textos quanto os grupos de poetas "porque acredito que é possível pensar em um campo atravessado por forças que o descentram e que são essas forças que o descentram e perfuram, também, essenciais para sua definição" (ibidem, p. 108).[15]

Pensando, então, no trabalho da poesia contemporânea, além da necessidade de observar as formas de agrupamento para além dos textos, podemos ver que ele tem como uma das suas estratégias fundamentais a expansão dos limites do literário através da performance de relações afetivas e transitivas, mas essa estratégia é articulada através de apurados procedimentos literários ou poéticos. Levando em conta, portanto, as duas perspectivas, se muitos desses trabalhos poéticos podem/devem ser pensados como desinteressados de uma definição exclusivamente literária, e na sua porosidade com o que não é "literatura"; por outro, eles podem/devem ser observados no seu (re)investimento nessas zonas tradicionalmente pensadas como especificamente literárias. O que mostra não tanto um paradoxo, mas a possibilidade de convivência, a não exclusão, e por vezes até a cumplicidade, entre a procura de um trabalho intenso com a linguagem poética e uma igualmente intensa procura pela transitividade, e o questionamento da autonomia. Como se esses poemas quisessem mostrar que por não utilizar uma linguagem peculiar e específica, por não investir em procedimentos poéticos de longa data, endossam o projeto identitário da modernidade.

Assim, seja nas propostas literárias expansivas, seja na atitude crítica ou nas modulações do pensamento contemporâneo em diversas disciplinas, o que fica mais e mais evidente é o interesse contemporâneo, *o imperativo ético*, de mostrar os contatos, as afecções e os afetos, de pensar para além das fronteiras genéricas e disciplinares, mas sem deixar de ouvir as singularidades que elas possam ter. Ler a partir da noção de afeto participa dessa atitude, pois ela torna impossível a procura ou a afirmação de identidades de autoria ou originalidade claras.

No entanto, não cansemos em apontar para a armadilha: se até aqui o diagnóstico é o de uma contundente recusa, nas diversas frentes, das palavras identitárias e de ordem, parece colocar-se certa obrigação de aderir a palavras de desordem: como *afeto* e *relacional*. Mas o elogio repetido e esvaziado de qualquer atitude desestabilizadora destas noções – e outras afins como nomadismo, anacronismo, comunidade, amizade, devir – se torna rapidamente uma faca de dois gumes, ou melhor, uma faca cega.

2. ESCOLHAS AFETIVAS E EDIÇÃO DE POESIA

Das tramas da edição de poesia

A reflexão crítica e teórica das primeiras décadas deste século tem se dedicado, como comentamos, de forma muito intensa, a repensar a noção de *afeto* em suas diversas aparições ao longo da história da filosofia, seja na sua formulação mais evidente nos trabalhos de Spinoza, passando pelas indispensáveis abordagens de Gilles Deleuze, chegando à loquaz aparição de textos que utilizam o conceito no âmbito dos estudos culturais, vindos principalmente da academia norte-americana, e que tem dado lugar à polêmica expressão *affective turn*. Essa *virada afetiva* deve ser associada, ainda, com o também apontado interesse ético reflexivo em pensar as formas possíveis de construção de comunidade, as relações intersubjetivas – principalmente a ideia de *amizade*, a formação de grupos e o laço social na contemporaneidade, um tempo – *nosso tempo* – em que os individualismos mostram sua miséria e as fantasias comunitaristas parecem ter fracassado (ESPOSITO, 2007 [a], p. 21).

O grande interesse na noção de *afeto* na sua relação com o *fazer junto* implicado em todo agrupamento também se faz evidente no interesse por parte da crítica em práticas artísticas que, ao longo da história, propuseram cenas abertas para a relação com o público, cenas não baseadas em uma lógica contemplativa, onde justamente se coloca em dúvida a pertinência destes termos. Propostas em que obra e público se afetam mutuamente, mutuamente se constituem e se mostram como corpos abertos, em formação, aquilo que – em linhas gerais – Nicolas Bourriaud definira como práticas que apresentam uma *estética relacional*. Veremos algumas das modulações dessa estética afetiva das poesias argentina e brasileira contemporâneas no próximo capítulo.

No entanto, *se a questão afetiva tem ganhado muito espaço na reflexão filosófica e também estética, se torna menos comum e mais controversa ao ser levada até o território da configuração do campo artístico, da orientação de processos de circulação, consagração ou visibilização de artistas*. De forma geral, quando o afeto é apontado como critério de escolha para uma antologia, curadoria, publicação de um escritor em uma coleção, ou até como objeto de estudo, a noção é vista muito menos como operante de contatos afetantes ou como mostra de relações dissimétricas e mais como um dispositivo legitimado de práticas endogâmicas, nas quais o afeto seria sinônimo de relações especulares, dentro de um grupo fechado de iguais.

A entrada em cena da afetividade para se pensar as formas de agrupamento que se dá na filosofia, na sociologia e na teoria da arte banha a preocupação dos próprios escritores. No caso da poesia argentina e da brasileira das últimas décadas, a *virada afetiva* se materializa – com todas as tensões que isso implica – na criação de diversos "espaços" de encontro e produção: seja a abertura de novas casas editoriais, a realização de oficinas literárias, a organização de catálogos e coleções, a publicação de revistas especializadas e antologias, ou no trabalho de cada poeta, agora pensado também como espaço de encontros.

As formas de agrupamento são principalmente observáveis a partir do estudo das formas de edição, uma prática que implica, além das lutas de poder dentro do *campo literário*, para utilizar o conceito de Bourdieu, as trocas que este tem com os outros campos, como os da técnica, e principalmente o econômico. O trabalho editorial tradicionalmente combina critérios econômicos, políticos e estéticos nas suas diferentes fases: seleção de autores, de textos, editoração, impressão, escolha e aproveitamento dos materiais, modos de venda e circulação. A trama das escolhas editoriais em tempos pós-auráticos ainda deve levar em conta diversas variáveis de valoração: entre elas, o público, o trabalho das editoras concorrentes, os grupos, as redes nacionais de artistas, as transnacionais, a intervenção na mídia especializada, a leitura acadêmica (THAYER, 2007); todas elas com um grau diferente de intervenção no estabelecimento de valores estéticos, levantando diferentes tipos de "exigências" e marcando o caminho para a consagração. Porém, ainda é possível observar que todos esses critérios e variáveis não se levantam de modo unânime, e em maior ou menor medida também aparecem de forma mais evidente frente ao recuo de projetos culturais baseados em traços identitários e afirmativos. Com isso, as tramas afetivas tornam a ficar a descoberto.

Grandes editoras, editoras mínimas: cenários do afeto

As relações entre literatura e mercado têm sido, ao longo da história, muito diversas, quer vistas a partir da sua suposta negação no recurso a mecenas, da profissionalização do escritor ou das relações com a mídia. A prática editorial talvez possa ser considerada aquela que melhor revela essas relações, as suas idas e vindas, as suas armadilhas, já que envolve critérios tradicionalmente considerados afastados ou contraditórios: os estéticos e os econômicos. A edição, desse modo, poderia ser pensada como aquele território da literatura que a compõe, interiormente, como seu limite exterior: seu ponto mais sensível às mudanças em relação à sua forma de circulação na sociedade (VANOLI, 2010).

Os projetos editoriais no Brasil e na Argentina da virada de milênio têm, como todos, certas particularidades que colocam em jogo escolhas afetivas e devem ser olhados nas suas diferentes caras.

Tanto em um quanto em outro país, a década de 1990 se caracteriza pela concentração dos capitais em todos os âmbitos socioeconômicos, entre eles a área da indústria cultural. As políticas econômicas dos anos de Carlos Menem (1989-1999) – continuadas depois pelo governo de Fernando de la Rúa, até a sua estrondosa queda em dezembro de 2001 – e as de Fernando Collor de Mello (1990-1992) – muitas delas retomadas por Fernando Henrique Cardoso (1995-2002) – alavancaram essa concentração com a privatização de empresas, a não intervenção estatal nos intercâmbios comerciais e a abertura das importações.

Embora algumas das grandes empresas europeias já formassem parte do panorama editorial latino-americano desde os seus primórdios, a formação do que se chama de *grandes grupos editoriais* – isto é, sua associação a diversos meios de comunicação, a captação de selos menores de diversas tendências e diversos pesos simbólicos – encontra nestas políticas econômicas amparo e solo fértil para sua consolidação hegemônica. Mesmo sem necessariamente renunciar a uma procura da qualidade literária, da diversidade de vozes e estilos, e alguns apostando, inclusive, na forte presença da tradicional figura do editor, como aquele que monta um projeto editorial baseado não tanto no sucesso econômico mas na construção de um capital simbólico, estes grandes grupos vêm evidenciar a participação do livro (do livro de literatura) numa lógica de intercâmbio mercadológico que, embora sempre operante, apresenta grandes diferenças. O mercado literário entendia-se até então, inclusive nas suas apostas mais comerciais, como um terreno habituado com a baixa mobilidade dos seus produtos, com a demora da sua comercialização e a alta margem de risco. Esta mudança de estratégia comercial tem consequências visíveis: os títulos sucedem-se aceleradamente, com a lógica da novidade e da obsolescência, e tornam o espaço físico da livraria ou da feira um território a ser conquistado.[16]

No entanto, para avaliar o lugar que hoje ocupa o livro na Argentina e especialmente no Brasil, além da construção de grandes grupos editoriais, haveria que dar especial atenção ao lugar que ele teve ao longo da história e nos últimos anos, dentro do leque de bens de consumo. Isso explicaria os altíssimos preços de capa de qualquer publicação, especialmente de literatura, o aumento da venda de livros de luxo, assim como o aumento de tamanho e conforto das livrarias nas grandes cidades, e a sua total ausência nos bairros periféricos ou nas cidades mais pobres, testemunhando mais uma vez a brecha entre classes e o acesso à cultura. Mas outro dos dados configuradores das formas de edição e circulação é, sem dúvida, o impacto – ou a ausência dele – na literatura das leis de incentivo à cultura. A Lei Rouanet, de 1991, a mais conhecida delas, redigida pelo secretário da Cultura do governo Collor, promove, como sabemos, que as médias e grandes empresas recebam descontos tributários em compensação pelo financiamento prévio para a produção de obras, eventos ou espetáculos culturais. A aplicação da lei foi um sucesso em termos de adesão e de mobilização de dinheiro, mas um fracasso ético se levarmos em conta que acabou por subordinar os recursos públicos destinados à cultura aos interesses corporativos e empresariais, alegando a necessidade de afastar a cultura de todo dirigismo estatal (DORIA, 2003). O fato é que as empresas aderiram às leis de incentivos perseguindo a própria visibilidade e financiando, portanto, a produção daquelas áreas de destaque frente ao grande público: cinema, exposições e teatro – principalmente no eixo Rio-São Paulo, aprofundando a ausência de investimentos na cultura de/no interior.

Isto é, seja pela forma de circulação e consumo privado, seja pela ausência de políticas estatais que o contemplem, o livro ficou encurralado nas regras do mercado de *commodities*. No entanto, parece importante observar – como o fez Ítalo Moriconi – que este cenário, por si complexo, fala mais das mudanças da literatura e o seu lugar na sociedade do que da sua (improvável, porém muitas vezes declarada) morte. Mudanças que deixam a descoberto a *aposta em determinadas estéticas*, que, embora contundentes na literatura mais vendida – chamada também de massas, ou comercial, ou para público não especializado –, não lhe são exclusivas. Fenômenos como a "literatura light", ou a aparição frenética de antologias temáticas e de romances históricos falam de uma estratégia das editoras comerciais que aproveita e participa da tensão contemporânea que atravessa toda a produção cultural e artística do nosso tempo, a crise de uma subjetividade dilacerada entre uma procura imperiosa de definições identitárias e sua dispersão incontestável em um sistema de sociabilidade reticular, como coloca Manuel Castells, em *Sociedade em rede*. Nesse sentido, poderíamos dizer que, a respeito da veiculação da literatura, as grandes editoras trazem à tona a interrogação das categorias de identidade e história, muitas vezes através do apelo sentimental e emotivo – em princípio convocado como "afetivo" – tentando oferecer com a maioria dos seus títulos respostas que apaziguam a crise da subjetividade contemporânea. Em outras palavras, boa parte da literatura comercializada pelas grandes editoras coloca o dispositivo afetivo no seu centro, porém domesticando todo efeito desestabilizador que o afeto possa ter, além de toda possibilidade de que irrompa intempestivamente o *fazer-se sentir*.

Pois bem, se essa parece ser a opção mais forte nas grandes editoras, o que nos interessa interrogar aqui é o que acontece com esse fenômeno afetivo nas editoras menores que se dedicam especialmente à literatura ou ao ensaio e, muito especialmente, à edição de poesia, cujo surgimento tem chamado a atenção de críticos culturais e literários.

Lembremos que costumam ser empresas pequenas, cujos funcionários cuidam tanto da escolha de títulos e a montagem do catálogo, quanto da diagramação e preparação de originais, vendas, publicidade e distribuição; *redescobrindo* e *ressignificando* a herança transgeneracional da produção barata e artesanal, ajudadas agora pela facilidade da informática. O cunho artesanal é um dos principais motivos pelos quais estas pequenas editoras são chamadas de independentes: independentes do mercado, embora essa qualidade de independência tenha sido longamente discutida, principalmente pelas diferenças no modo de trabalho de cada uma.

Como assinala o sociólogo Hernán Vanoli, existem características substancialmente diferentes dentro do grupo das editoras pequenas ou independentes. Existem aquelas que esgrimem à procura do espaço não ocupado pelas grandes editoras, aproveitando as brechas ou *nichos de mercado*, direcionando-se aos leitores segmentados pela oferta, e que não necessariamente têm uma posição estética definida; e aquelas que focam na construção de um projeto estético e de circulação muito claro. E existem na verdade inúmeras misturas dessas vertentes. Pois a procura de uma fatia no mercado não nega a possibilidade de assumir a edição de literatura e poesia ainda como uma "militância", herança de um modelo ativo nas décadas de 1960 e 1970 que "funde a figura do escritor com a do militante e a do editor e criador de circuitos culturais" (VANOLI, 2010, p. 131), e que continua investindo em um projeto estético.

Editoras pequenas: outro modo de circulação

No entanto, apesar da heterogeneidade dos critérios que levam à abertura de uma editora e à constituição de um catálogo, podemos observar que todas as editoras chamadas independentes tendem a construir circuitos de circulação menores, não condicionados pela grande mídia nem pela localização ou expansão das suas lojas, marcas de uma lógica territorial. Circuitos de circulação que passam por espaços menos destacados, menos óbvios, aproximando-se intimamente dos seus leitores, muito além do espaço estriado da livraria e do centro da cidade. Isto está referendado nos espaços escolhidos para a propaganda: preferem as revistas especializadas – muitas vezes publicadas pela própria editora. E nos espaços de venda: na Argentina, de fato, existe a Feira do Livro Independente e pequenas livrarias que funcionam como *minha casa*;[17] já no Brasil, nota-se a presença de algumas editoras em pequenos eventos acadêmicos ou outros centros culturais; enquanto em ambos os países proliferam leituras públicas, encontros, pequenos festivais de poesia. Mais recentemente, as redes sociais da internet deram uma grande visibilidade aos trabalhos destas editoras que, através de seus perfis no Facebook ou das *mailing lists*, divulgam lançamentos e promoções. Trata-se de uma visibilidade circunscrita à rede de amigos – mas onde a ideia de amizade deve ser ressignificada, já que não está limitada à convivência local, senão potencialmente ampliada e aberta a possíveis diferenças, mesmo que se erga sobre a existência de uma aldeia de leitores habituais, sem se colocar a necessidade de conquistar ou captar mais.

São, portanto, circuitos que se diferenciam claramente da circulação do *livro mercadoria*, mas que no seu movimento de convivência se circunscrevem a um segmento social muito específico, entrando nos seus lugares de trabalho e sociabilidade: a classe média urbana e com escolaridade superior, colocando em pauta potências e aporias de se pensar nessas editoras e seu público como construtores de comunidade.

Nesse sentido o que interessa apontar é que, se, no final das contas e para além de qualquer declaração de vontade, o que define uma editora é o seu catálogo – como dizem Sandra Contreras e Adriana Astutti: um catálogo "fala por si só"[18] –, o que os destas pequenas editoras dizem, especialmente aquelas que se dedicam à poesia, é algo que vai além dos seus títulos, além dos próprios textos, além do especificamente poético. Os catálogos de muitas destas editoras, além de convidar a uma leitura dos textos, convidam a olhar para aquilo que fica de fora do livro, mas o cerca. Os catálogos expõem que a literatura contemporânea também joga nas próprias margens dos textos. Falam, como intentarei mostrar, das escolhas que os definem, e vice-versa, escolhas que recuperam e reatualizam uma *matriz convivial e afetiva* construída em infinitos outros discursos e textos. Em outras palavras, as editoras independentes através dos seus catálogos também trazem à tona a questão afetiva, tanto nos textos quanto nas formas da sua organização convivial.

Editoras de poesia:
comunidade, imunidade, afetos

Existe, ao avaliar a relação entre as diversas editoras independentes, a ideia de que estes editores não veem nos seus pares potenciais ameaças; antes, consideram que o surgimento de novas casas garante a continuidade de um projeto cultural no qual "pesam mais as intenções comuns" que as diferenças (BOTTO, 2006, p. 225). A partir daí, podemos observar um jogo complexo de valores: um dos traços do *projeto comum* é garantir a diversidade e esta só é garantida através da preservação desse *comum*. Um comum que, muito mais do que um traço identitário e monolítico que definiria o *próprio*, deve ser pensado como o *impróprio* que funda a comunidade, tal como apontava Roberto Esposito.

Lembremos que o italiano argumenta em *Communitas* que a modernidade fundara sua ideia de comunidade na interpretação equívoca do termo *comum*, interpretando-a como um encontro de *sujeitos*, mas sujeitos "com todas as suas mais irrenunciáveis conotações metafísicas de unidade, absoluto, interioridade" (2007, p. 22). Em consequência, a comunidade moderna buscada estaria fundada menos em relações dissimétricas que em relações com um sujeito tornado uma espécie de alter ego, o *ipse*, que elas mesmas pretenderiam colocar em questão. Seja como uma tentativa de colocar em comum, de partilhar, o que nos seria próprio, seja na de nos apropriar do que não é nosso para torná-lo comum, as noções modernas de comunidade continuam ligadas a uma semântica do *próprio*. Nelas o "comum" se associa a noções identitárias fixas, sejam elas étnicas, territoriais, religiosas.

Pensar, nesse sentido, uma comunidade a partir de um comum enquanto próprio implica instituir uma relação aparentemente fluida, de transparência, entre seus membros; um imediatismo de identificações plenas e especulares; e por isso, e ao mesmo tempo, acéticas ou blindadas. Na verdade, como argumenta Esposito, são formas de relacionamento baseadas num paradigma moderno de imunidade, paranoico de todo contágio contaminante. De qualquer elemento estranho (*unheimlich*) que possa macular a minha identidade, artificialmente apaziguada, e torná-la estrangeira de si.

Desse modo, assumir o próprio como heterogêneo e não autônomo em relação ao seu fora e, principalmente, heterogêneo em si mesmo é, então, o desafio do pensamento contemporâneo em torno da comunidade, e das práticas sociais, culturais e artísticas. Entre elas, a edição de literatura. Ou seja, é contra essa concepção imune de comum, que advertem as editoras da Beatriz Viterbo:

> Se por independente se entende uma forma de "preservar o próprio" haveria que começar antes de tudo por pensar esse "próprio" como radicalmente heterogêneo, múltiplo; já que uma voluntária autolimitação ao "local" pode ser a via para empreendimentos regressivos. (ASTUTTI, CONTRERAS, 2001, p. 769)

A independência que qualifica o projeto destas editoras é plural (idem, ibidem, p. 768): *independentes* do mercado e dos grandes conglomerados, editando narrativa e poesia que poderia ser mercantilizável, mas não é, e por isso se torna, como diria Carlito Azevedo em recente entrevista, "antimercadoria"; *independentes* também da globalização da cultura, mostrando-se como uma possibilidade de preservar as culturas locais frente à homogeneização do gosto e da língua, mas sem se manter imunes ao outro; *independentes* de uma imagem de *outro* univocamente determinada – ou seja, a literatura latino-americana como um todo fixado e homogeneizado pelos países centrais; *independentes* perante a mesmice.[19]

As pequenas editoras, independentes, especializadas em literatura ou poesia assumem então um desafio ou paradoxo: se misturar com outros discursos e outras economias e, ainda independentes, ser diferentes de si mesmas e especializadas. O desafio está justamente em enfrentar a (im)possibilidade de construir uma identidade editorial, um rosto definido, para si e para o seu leitor.

Nelas, como aponta Charles Bernstein, ao mesmo tempo que se defende o singular frente ao global que se vislumbra como homogeneizado, se forma, reforma e dissolve a possibilidade de construir uma comunidade estável. Frente à tendência em falar de "comunidades" para se referir a estas pequenas editoras e seu círculo de leitores – expressões realmente próximas das fantasias humanistas da aldeia de leitores criticadas, por exemplo, por Sloterdijk em *Regras para o parque humano* –, Bernstein suspeita do termo, já que para ele seria melhor pensar em constelações de leitores ativos interessados em um intercâmbio, não necessariamente coletivo, mas abertos aos contágios da comunidade. Por isso para Bernstein se torna importante assinalar que as pequenas editoras ou a imprensa alternativa têm a característica de encontrar no local, no particular, no menor, no periférico, o valor de poder formar, deformar ou dissolver aquilo que ele chama de comunidade ou in-comunidade.

Editor, escritor, leitor: o outro, o mesmo

Pois bem, este desafio do *impróprio* como fundante da comunidade tem as suas particularidades nas *casas que editam poesia*.[20] Lembremos que a edição de poesia, com algumas exceções de autores consagrados,[21] tradicionalmente tem se restringido à atividade independente por diversos motivos. Entre eles, o mais esgrimido pelos analistas é o baixo lucro do livro de poesia, que afasta o interesse das grandes editoras, principalmente em relação a autores estreantes que nem sequer trariam um capital simbólico considerável. Mas, para além da reivindicação de um lugar econômico diferenciado do livro de poesia, enquanto produto de ciclo longo, não perecível e como investimento arriscado, parece se colocar em jogo uma concepção de poesia baseada na sua restrição a um grupo de iniciados.

O texto poético, tradicionalmente, e pela sua circulação circunscrita, tem sido considerado, em termos de Bourdieu, como o produto de um dos *"subcampos de produção restrita,* onde os produtores têm como clientes apenas os outros produtores, que são também seus competidores diretos" (1996, p. 246). A afirmação é instigante, mas, para que não se torne apenas um lugar-comum sem alicerce fatual, deveria ser matizada ao observar que na edição de poesia – e na independente como um todo –, antes que uma lógica de lutas e concorrência, parece se destacar uma lógica de afetos conviviais, não necessariamente harmônica, mas pertinente para explicar a tantas vezes apontada superposição ou coincidência entre as figuras/tarefas do escritor, do editor e do leitor de poesia.

Sem dúvida essa coincidência é comum na história da poesia moderna, e não é exclusiva dos cenários argentino e brasileiro contemporâneos. Mas muitos editores e poetas, como por exemplo Gustavo López, da VOX, insistem em apontar que esse modelo de artista gestor ganhou, na Argentina, uma especial preponderância na nova cena cultural depois da crise política e econômica de 2001. A necessidade de expor o fato, de imaginar uma pré-história pura, digamos, em que o poeta era apenas poeta, não deixa de ser significativa. O poeta apenas poeta ter-se-ia mantido imune aos mandatos ordinários do mercado; assim, o gesto editorial se torna ainda mais heroico: de poetas que assumem um desafio, e o vencem, como se a aura não tivesse sido perdida há tempos.

Portanto, devemos ser cautelosos: o fato de assinalar a superposição destas figuras em muitos casos não deve conduzir a uma prova do diagnóstico da *morte da poesia* frente ao discurso brutal do mercado e suas narrativas. Porque, como aponta Marcos Siscar, as declarações de óbito raramente se fundamentam em dados quantitativos de leituras reais e sua intervenção no pensamento que lhe é contemporâneo, mas apenas em índices de venda. Cautelosos porque esse tipo de avaliação do poeta como salvador sustenta uma ideia de poesia – e de literatura – como meras receptoras (e vítimas) dos impactos do mercado, sem observar nenhuma possível contrapartida.

Numa visão desoladora, diz Sérgio Cohn em uma das muitas participações em entrevistas: "Os próprios autores pagam a edição dos seus livros, ficando com parte da tiragem. Essa parcela é distribuída pelo autor para conhecidos. O autor não compra livro dos outros porque espera a recíproca." (apud MACHADO, 2003) Apesar de se simplificar a questão numa suposta mesquinharia dos autores/leitores de poesia, a declaração permite apontar para um fato complexo: a *desmonetarização* da literatura e da poesia, mas não da indústria do livro – realmente vigorosa – ou a do escritor, que participa profissionalmente do mercado como professor, coordenador de oficinas, editor ou jornalista (VANOLI, 2010). A questão é complexa porque, ao passo que os dados econômicos, tanto no Brasil quanto na Argentina, mostram um franco crescimento da indústria editorial, ao passo que se editam cada vez mais livros, e mais livros são lidos, e a movimentação de dinheiro que essa indústria faz aumenta consideravelmente, muitos dos próprios editores e autores de casas pequenas tendem a enxergar o próprio trabalho como *amador* ou *militante*. O editor é, assim, associado à tradição – apaixonada – revolucionária, ou ao *amateur*: aquele que ama e faz, *desinteressadamente*. Ambas as classificações, por diferentes vias, tendem a reinstalar o mito romântico mais corriqueiro, vendo esses espaços de trabalho como não profissionais, e portanto, como não necessariamente remunerados, naturalizando o lugar afastado e diferenciado da poesia. Como há mais de um século, a profissionalização do poeta – a perda da sua aura – é o que continua em questão. Onde a produção artesanal joga, como veremos, um duplo papel: explicitando os resultados materiais, os livros, como restos, ruínas, vestígios, de um convívio, e ao mesmo tempo apresentando-os como algo exclusivo dos seus participantes, reinvestindo-os de aura.

Ou seja, a cautela em torno das visões, digamos, catastróficas e heroicas sobre a edição de poesia, não deve obliterar uma aproximação crítica da sua explicitação recorrente nas declarações de editores e críticos, nem do fato de que "as editoras literárias independentes têm como clientela quase exclusiva um público leitor que não se organiza como um mercado anônimo. De modo contrário, trata-se de leitores hiperescolarizados e especializados, leitores profissionais" (VANOLI, 2010, p. 136) e, ainda, que "os editores independentes são muitas vezes escritores e – sempre – leitores cativos" (BOTTO, 2006, p. 225). Pois também a partir desse dado de mercado é que deve se pensar a trama afetiva da edição e da circulação de poesia no nosso tempo.

Então, se interessa colocar em evidência a superposição de papéis tidos como separados para contrapor a inexistência de suas fronteiras ao longo da história, interessa mais ainda a superposição que estas editoras e seus modos de circulação encenam entre o espaço público e o privado dos seus participantes, levando a pergunta à superposição de critérios estéticos, mercadológicos e afetivos nas motivações das escolhas tomadas ao longo do processo editorial.

Se, como afirma Marcos Siscar, "estamos passando hoje diretamente para o cinismo (também chamado 'realismo') da obediência ao gosto do público-alvo" (2010, p. 19), haverá que olhar com atenção a relação circular e íntima que essas editoras alimentam com seu público que, da universidade a outros escritores, solicita e valoriza com uma literatura que responde (obedece) às palavras de ordem herdadas, do que poderíamos chamar com Martin Jay, de uma ética pós-estruturalista: dessubjetivação, desconstrução, devir, anacronismo e, também, afeto. Ou, nas palavras de Foucault, uma moral que parte do "não aceitar nunca que algo seja definitivo, intocável, óbvio ou imóvel" (apud JAY, 2003, p. 88), todas aquelas formas de experiência da vida, da palavra que respondem não a uma ética da transgressão, senão a uma ética do constante desvincular-se das formas prefiguradas de experiência.

Pluralidade de vozes e controles afetivos da dispersão

Ao mesmo tempo em que pode ser verificada essa especialização editorial em torno da poesia, e a insistência em mostrar um ambiente onde seus atores se repetem, há nas últimas décadas uma constatação da proliferação e pluralidade de dicções dentro desse âmbito. Constatação veiculada pela crítica (CAMARGO, 1999; CAMARGO e PEDROSA, 2001; HOLLANDA, 2001; MORICONI, 1998) e também pelos próprios escritores e editores, como o provam os prefácios e introduções a antologias (CARRERA, 2001; GARCIA e AGUIRRE, 2008; NACHON, 2007; LÓPEZ, 2004), que responde a uma solicitação generalizada e uma exigência ética da época. Como assinala Celia Pedrosa:

> Se a evidência e a produtividade literárias passam a solicitar, a partir de meados do século XX, de modo incontornável, as categorias de pluralidade e mediania, isso se vincula à fragilização de tradicionais cronotopos identitários modernos como o nacional e o universal e de seu principal motor histórico, a ideia progressista e/ou revolucionária de inovação. (2008, p. 41)

De fato, em tempos em que a questão da comunidade é *repensada*, uma organização de textos literários feita explicitamente em torno de um motivo identitário ou de autenticidade se mostraria abertamente como comercial ou didática, principalmente, se olhada do ponto de vista de projetos especificamente poéticos e, em menor medida, de projetos culturais. Diz Silviano Santiago (2007, p. 5): "Assim como os teóricos e os artistas jogaram o flite da psicanálise na dita sinceridade e o da antropofagia na dita propriedade, devemos jogar hoje o DDT das filosofias da diferença na dita autenticidade." Assim, os projetos poéticos contemporâneos de dedetização da autenticidade abrem mão de definições a priori, e de uma *voz própria*, para se mostrar abertos à diversidade.

A poesia a partir dos anos 1990, como explica Heloisa Buarque de Hollanda na sua antologia *Esses poetas*, se liberta da necessidade de estabelecer filiações estéticas, abertura que garantiu a aparição, proliferação e visibilidade de dicções muito diferentes, que estabeleciam laços com outros poetas sem exclusividade: "Uma confluência de linguagens, um emaranhado de formas e temáticas sem estilos ou referências definidas." (2001, p. 13)

De fato, toda vez que se realizaram tentativas de apontar diferenças significativas entre os diferentes projetos elas tiveram que ser rapidamente revisadas. O clássico exemplo é dado no eixo Rio-São Paulo pela contraposição entre as revistas *Azougue* e *Inimigo Rumor* e os projetos de suas editoras. Ítalo Moriconi chegara a apontar a necessidade crítica de observar as porosidades e os contatos, mas também se aventurou a dizer, de forma conscientemente provocativa, que a principal diferença estaria numa "estética da eloquência do lado de *Azougue*, estética do rigor do lado de *Inimigo Rumor*. Poesia visceral de um lado, poesia como *cosa mentale* de outro" (2009, p. 2). Então, apesar dessas diferenças estéticas bastante evidentes – dadas, principalmente, pela forma diversa de transitar e escolher o roteiro em uma biblioteca – "Nessa contingência, as 'tribos' se organizariam a partir de suas eleições na biblioteca." (CAMARGO, 2001, p. 230) – as publicações dessas editoras têm pontos de contato muito intensos. Por exemplo, no número de aniversário da revista *Azougue* (2008) surpreende o design de "livro", muito similar ao da *Inimigo Rumor*, e, ainda, ao poema de abertura, de Andi Nachon, traduzido por Carlito Azevedo e Aníbal Cristobo. Na Argentina, também é possível verificar os contatos entre tendências aparentemente contrapostas objetivistas e neobarrocas, tal como analisa Ana Porrúa em "Una polémica a media voz" (2003).

Portanto, apesar de ser possível apontar alguns delineamentos estéticos para os diferentes grupos ou núcleos a partir das suas escolhas e exclusões na biblioteca, continua prevalecendo o consenso da "construção de um discurso sobre poesia contemporânea em que não haveria exclusão" (CAMARGO, 2001, p. 230). De fato, como fora apontado por Maria Lucia de Barros Camargo, na cena contemporânea "não há projetos estéticos hegemônicos, nem propostas fortes que articulem grupos e suas afinidades eletivas, muito menos conflitos claros em disputa no campo literário" (ibidem, p. 31). Essa aparente recusa de qualquer gesto que possa ser visto como procura de uma hegemonia é repetida tanto nas apresentações de revistas e antologias quanto na crítica, que tende a constatar essa pluralidade.

No entanto, observemos que, frente a essa proliferação horizontalizada de vozes, parece se produzir um movimento compensatório de leitura, na atividade editorial, materializado na *organização de coleções* dentro de um catálogo, assim como na intensa aparição de *revistas* e *antologias*. Como se, frente ao magma da diversidade e o "perigo da homogeneização que lhe é constitutivo" (SISCAR, 2010, p. 39), aparecesse a necessidade de desenhar roteiros de leitura. Nesse sentido as coleções, revistas e antologias são roteiros de leitura que refletem determinadas partilhas e valorações dentro da pluralidade. E é pelo seu lugar em uma ou outra organização que a história – as tramas da consagração – de um poema pode marcar o seu destino. Um livro, por exemplo, pode ou quer formar parte de um conjunto maior já existente, uma coleção ou um catálogo que, nas editoras menores, se assumem como projetos estéticos mais definidos e chegam a definir o sucesso do título, tornando-se dessa forma mais importantes que o próprio livro. A coleção permite a um autor estreante conviver nas prateleiras e sob os olhares dos leitores com outro já reconhecido, ou passar a ser percebido como parte de um grupo, mostrando que, mais do que um recorte das escolhas do editor, a coleção funciona como uma instância de consagração, visibilidade e reconhecimento.

Mas qual seria o critério para trazer roteiros de leitura – ou seja, construir coleções, organizar antologias, escolher textos para uma revista – frente à fragilização dos cronotopos identitários e o recuo dos projetos poéticos neles sustentados? Ao irem se lavando as vestes identitárias, a trama que fica a descoberto é a dos afetos, cuja definição é mais complicada, porque justamente não há um conteúdo a ser explicado ou contado: a escolha deste ou daquele poeta/texto/livro é apenas porque ele importa, para além dos seus atributos. Aqueles projetos que eticamente abrem mão de critérios identitários – não é a coleção de poetas novos ou velhos, latino-americanos ou asiáticos, mulheres ou homens – terão que se conformar com deixar a descoberto as escolhas como meramente afetivas. Instalando-se, ainda, na arriscada fronteira, entre as relações meramente especulares e narcisistas ou relações verdadeiramente transitivas, para o Outro.

Camargo ainda assinala, olhando para as revistas de poesia, mas podendo-se observar além delas: "Conversas, fraternidade, pacto, pluralidade: [são] termos que frequentam os editoriais e apresentações desses periódicos, que ecoam também na crítica, e marcam esta cena marcada pela ausência de grandes debates." (2001, p. 228). Eis o problema que precisa, ainda, ser pensado. Com alguns exemplos.

De coleções e antologias

De convívios e livrinhos que desaparecem: Moby Dick

Maurice Blanchot, em *Pour l'amitié* [Pela amizade] (2000), escreve sobre a sua amizade com Dyonisos Mascolo. As circunstâncias nas quais se conheceram não estão claras para ele; Blanchot não lembra quando nem como começou a amizade, mantendo-se longe de fazer um relato, mas pontuando situações da vida literária e da editora Gallimard, que se apresentam como passos descompassados que acabam por mostrar, na sua desaparição, a relação de amizade. Blanchot associa assim, de forma nebulosa, a figura do amigo à do editor e à da própria Gallimard. Mascolo, segundo o autor acredita, tinha realizado o trabalho de recopilação, conservação e leitura de uma série de notas do próprio Blanchot que ele mesmo não conservara; assim como talvez também tenha sido ele quem propiciara a publicação de seu livro, *Faux paus* [Falsos passos]. A amizade é um trabalho de edição.

Se pudéssemos percorrer as relações entre alguns autores e os membros da editora que os publicaram nas últimas décadas, talvez também associaríamos essas relações e seu entorno público com as de amizade e seu entorno íntimo, observando a complexidade do critério afetivo e amical que transpassa umas e outras, e apaga sua fronteira. Gostaria, entre todos os exemplos possíveis, de pensar no caso, talvez paradigmático para a poesia contemporânea, da editora carioca 7Letras e as suas coleções de poesia. Nelas entram em jogo as figuras do seu editor responsável, Jorge Viveiros de Castro, os membros da equipe editorial e muitos dos autores publicados – Carlito Azevedo, Marília Garcia, Aníbal Cristobo, Augusto Massi etc. – que, ao longo da história da editora, foram ocupando diversos papéis no cenário de convívio e nas decisões editoriais. Nesse sentido, uma análise da organização de suas coleções pode iluminar uma complexa trama de afetos estéticos e políticos, particulares e públicos, que se superpõem, mas nunca se igualam. Portanto, para percorrer esses *fluxos afetivos*, a história deve ser contada sem cronologias nem relações causais, mas através de encontros e suas materializações.

Talvez a 7Letras seja hoje a editora brasileira mais reconhecida pelo seu investimento na publicação de poesia, especialmente de autores estreantes, seja em livro, seja através da sua importante revista *Inimigo Rumor*.[22] Embora também publique outros gêneros, como narrativa e ensaio,[23] desde o seu surgimento em 1994, a porcentagem de livros de poesia publicados é maior do que a de qualquer outra editora local. 7Letras organiza, ou organizava até pouco tempo, suas publicações de poesia principalmente em duas coleções oficiais e uma pirata que constituem referências básicas da biblioteca contemporânea, pela qual transitam – seja como *autores*, seja como *leitores* – muitos dos poetas mais significativos da cena brasileira. São elas: "Moby

Dick", "Guizos" e "ás de colete". As três foram idealizadas, organizadas, produzidas e vendidas de formas bastante diferentes. A coleção "Guizos" edita, majoritariamente, poetas desconhecidos ou estreantes, em livros de capas sóbrias, cores mate, sem laminado, reduzindo o custo de impressão, arcado, na maioria dos casos, pelo próprio autor, diferentemente do que acontece com as *afetivas* "Moby Dick" e "ás de colete", sobre as quais vou me deter.

Marília Garcia, durante vários anos funcionária, membro do Conselho da 7Letras e, também, editada em ambas as coleções, refere em uma entrevista realizada por Aníbal Cristobo os seus começos na escrita de poesia, associando-a ao trabalho na editora:

> O ambiente da editora naquele momento possibilitava um diálogo intenso entre os autores, editores, tradutores e pessoas próximas à poesia; e inclusive existia, muito informalmente, uma *espécie de oficina poética*, no sentido mais experimental da palavra, com trocas de textos, traduções, impressões e leituras (...) Jorge, editor da 7Letras, criou uma coleção de livros em pequeno formato, de até 24 páginas apenas. E convidou os que faziam parte dessa "oficina poética" a preparar um minilivro, que sairia em edição pirata na coleção Moby Dick. Em contato com a poe-

sia que se produzia ao redor da editora, preparei *Encontro às cegas*, minilivro completamente *construído a partir do diálogo com as vozes e formas que estava lendo naquele momento*.[24]

Transporto-me no tempo, aos anos 1970: se podemos pensar que a poesia marginal é o resultado de um *convívio* nos pilotis da PUC, nas praias e bares de Ipanema e, principalmente, na exótico-mitológica "fazenda do Lui" (o poeta Luis Olavo Fontes), onde a turma se juntava nos finais de semana para "tocar música" e "fazer livros"; ou seja, se podemos pensar que esse *convívio* funciona como uma *oficina poética muito informal*, podemos pensar também que a poesia de mais visibilidade nas décadas de 1990 e 2000 é resultado do *convívio* da *oficina muito informal* da "editora do Jorge". Se a diferença dos espaços – de um lado, a PUC, uma fazenda exótica com elefante e outros animais selvagens, apartamentos e a praia na zona Sul; do outro, a sala de uma editora, um sebo e algum bar tradicional do Centro – poderia nos informar muito acerca dessas práticas poéticas, interessa ainda insistir em que, para ambas, os encontros são o que legitima a existência do grupo, muito mais do que qualquer identificação estética ou identitária. Como comenta Carlos Alberto Messeder Pereira, esses encontros funcionavam como instâncias de legitimação interna do grupo, reatualizando na prática aquilo que já estava configurado nas formas do sentir que, em termos de Bourdieu, configuram o *habitus*.

Seguindo esse paralelo com a poesia de 1990 e 2000, vejamos que Ana Cristina Cesar – poeta ao mesmo tempo participante e muito crítica do grupo dos anos 1970 – comenta os encontros na fazenda: "As pessoas ficavam lá fazendo seus livrinhos e ficavam discutindo (...) e tinha assim toda uma roda de meninas em volta." (apud PEREIRA, 1981, p. 285) O relato, com distância irônica e proximidade afetiva, deixa claro que o convívio deu frutos materiais: *seus livrinhos*, como o provam as coleções "Capricho" ou "Folha de rosto", os muitos textos em colaboração, como os de Cacaso e do próprio Lui, assim como os vários livros com imagens feitas por outros participantes dos encontros.

Podemos pensar, então, que o resultado material do *convívio* da 7Letras são os pequenos livros da "Moby Dick", resultado material mesmo que sejam "feitos para desaparecer", como diz Manoel Ricardo de Lima, tal como os dos anos 1970. Resultado material, mas com a materialidade sutil que tem as pegadas, as pegadas do afeto. Com a fragilidade sólida do artesanal. São livros artesanais do século XXI, impressos na própria editora em uma HP Laserjet, com o máximo aproveitamento de papel e tinta, daí as medidas de 14 x 10cm, em tiragens de cem exemplares, que saíram em duas levas: 2001 e 2002. Assim, o que era até então uma experiência vivida como "oficina informal" é agora registrada, mesmo que o selo "Moby Dick" não queira ter uma existência burocrática, como se as tramas afetivas que lhe dão forma não pudessem ou devessem entrar no ritmo canonizado e institucionalizado de uma editora e um ISBN.

Oficina: matriz do viver e fazer junto

A possibilidade de associar as ideias de *convívio* e *oficina* nestes exemplos, sem dúvida, refere à necessidade de realizar mais uma vez a pergunta pela produção coletiva e relacional. Nesse sentido, não surpreende a recuperação nos casos da poesia brasileira de uma prática grupal de longa data que responde a uma concepção poética subsidiária da tradição *oulipiana* de oficinas poéticas. Lembremos que, dentro das práticas de oficina, a experiência explorada na linha da francesa *Oulipo* (*Ouvroir de Littérature Potentielle*), em lugar de ser guiada por uma noção de *expressão*, persegue a poesia como uma produção, resultado da prática coletiva que gera, em primeiro lugar, uma reflexão sobre a linguagem. Dessa forma, leitura e escrita se mostram indissociáveis, e todo texto seria, em primeira instância, uma reescrita consciente.

> Escreve-se sempre a partir de outro texto e lê-se sempre um outro texto [...]. Se todo texto é intertexto, o que há de diferente nos textos produzidos nas oficinas é o fato de que exibem suas regras e sua intertextualidade. (ALENCAR, MORAES, 2005, p. 24)

No entanto, a possibilidade aberta nas oficinas não deve associar estas poéticas a uma concepção apenas formal, construtivista ou mental. Como diz o poema, "A situação atual da poesia no Brasil", em *Collapsus linguae* (1991), de Carlito Azevedo – poeta coordenador de muitas oficinas, inclusive, virtualmente, e aglutinador central do *convívio* da 7Letras:

> Não é cosa mentale
> é cosa nostra.

O poema de Azevedo é autoirônico, como "A lei do grupo" de Ana Cristina Cesar: "todos os meus amigos/ estão fazendo poemas-bobagens/ ou poemas minuto."[25] Ambos os poemas mostram, por um lado, uma clara consciência da articulação de grupos fechados, tribos, gangues ou pequenas máfias poéticas ("lei do grupo", "cosa nostra"), consciência do próprio pertencimento e participação (é "nostra", são "meus amigos") e, simultaneamente, um exercício de estilo que, de uma tacada só, é repetido e criticado. No caso de Ana C., ela mesma faz um poema minuto/bobagem; no de Carlito, enquanto aponta para o convívio sentimental e grupalmente fechado, faz um poema mental/minuto, remetendo em um único poema a várias genealogias: a modernista, a marginal e a concreta.

Notemos então que, nestas oficinas poéticas de *convívio*, embora também funcionem como espaços de formação, não há um processo evolutivo de aprendizado do labor poético, senão, como observa Susana Scramim, uma "pedagogia da frequentação" (2010, p. 37). Frequentação da biblioteca de poesia, dos problemas nevrálgicos do fazer poético e suas diversas modulações ao longo da história, mas também a frequentação da relação com outros poetas, outros amigos, no marco da oficina. Assim, por uma ou outra via, o trabalho poético se aproxima de um trabalho ordinário embora não simples, em que o viver e o fazer *junto* se tornam matrizes de produção. Pois bem, quando essa matriz convivial tem consequências editoriais e de visibilidade para um escritor (e não para outros) a aproximação da figura do coordenador da oficina (papel geralmente ocupado por um poeta experiente, o mestre), da do editor e da do amigo aglutinador – todas figuras "dobradiça" entre o íntimo e o público, entre o pessoal e o social – torna-se muito mais problemática e instigante. Dá lugar a longos debates em torno da ideia de *endogamia*, como veremos em seguida, em relação à organização de antologias e outras publicações.

A afetividade como valor

Sem dúvida, essa prática convivial aberta aos encontros não nega a existência daquilo que Ítalo Moriconi definiu tentativamente como *núcleos*: "A ideia que a cena poética da virada de século definiu-se pela existência de focos aglutinadores funcionando como autênticas usinas ou oficinas formadoras de poetas." (2008, p. 2) E não apenas pela sua existência, mas pela autopercepção dos jovens poetas de suas vinculações a um grupo que, embora aberto e sem o intuito de se definir como uma *geração*, se aglutina por escolhas, eleições, que seus textos viriam testemunhar. Como vemos, Marília Garcia, segundo seu próprio depoimento, e também Aníbal Cristobo, Ricardo Domeneck, Angélica Freitas, Andi Nachon ou Carlito Azevedo – significativamente, no último livro, *Monodrama* (2010) –, mostram seus textos e sua formação como poetas enquanto *produzidos por e no contato com outros poetas/amigos*, pela sua *inserção no circuito da vida cultural e literária na própria e em outras cidades*. E isso se produz, insisto, tanto no nível do poema quanto nas formas de circulação e produção dos textos. Por isso, parece possível dizer, com Moriconi ainda, que a nova vida literária no Brasil surgiu no suporte da rede (2006, p. 191), não tanto pela referência ao suporte concreto e virtual da internet, nem pelos lugares de encontro construídos, quanto pela forma reticular dos intercâmbios entre poetas, possibilitada pela convivência sem papéis previamente fixados. Uniões instáveis. A partir dali, a disposição afetiva, a abertura, a vulnerabilidade passam a ser um importante critério de valoração, não apenas para vincular-se a um grupo mas também para ter uma visibilidade editorial e, muito significativamente, uma visibilidade para a crítica acadêmica interessada nos objetos contemporâneos. Em outras palavras, "o valor de referência é o diálogo entre os pares, a leitura mútua entre os contemporâneos" (MORICONI, 2006, p. 192), inclusive quando esses contemporâneos venham de tempos e geografias distantes.

O relacional como valor fica evidentemente alto na organização de "Moby Dick". Como aponta Manoel Ricardo de Lima, os livros da coleção falam, o tempo inteiro, desses "encontros diversos, quase comuns, quase os mesmos" (2008, p. 102): como nos versos quase repetidos nos livros de Marília Garcia e Valeska de Aguirre, as referências mútuas entre elas, os agradecimentos, assim como os poemas de *outros* que aparecem em *jet-lag*, de Aníbal Cristobo. Encontros dos poetas e seus textos em um corpo a corpo, alimentado pela materialidade desses livros, feitos para serem carregados "no bolso", como aponta Celia Pedrosa (2010, p. 33).

Da oficina à escala industrial: agora sou profissional

Se na proposta da coleção "Moby Dick" o critério afetivo e convivial é um ativo configurador das escolhas de suas vozes, é necessário observar que este complexo critério, estético e político, torna-se caldo de cultivo para novas organizações: revistas, antologias e coleções. Uma me interessa particularmente: "ás de colete".

"ás de colete" é uma coleção que nasce em um alto patamar de qualidade técnica e poética, fruto da associação da experiência na área da 7Letras carioca e os recursos técnicos e financeiros da Cosac Naify, de São Paulo. Lembremos que dois tipos de livros compõem a coleção. Uns, volumes de capa dura, produzidos em tiragens de três mil exemplares, forrados com tecido de cores sóbrias, com um desenho superposto e centrado na capa, onde ainda aparecem os nomes do livro e do autor carimbados em relevo. Outros, menores, de tiragens de mil e quinhentos exemplares, de capa mole de cor cinza uniforme e com cantos arredondados que os "protegem" do manuseio. Esta série de bolso evidentemente convoca, através do instigante design de – também instigante poeta – Age de Carvalho, a uma reflexão sobre a associação entre poesia e mercado – e entre a poesia até então pensada como "pirata" e o mercado – seja pela referência evidente a um dos fetiches literários mais tradicionais, os caderninhos Moleskine, seja pela tarja colorida que corta a capa pelo meio e coloca, ostentosamente juntos, a foto/rosto do autor, seu nome e o código de barras.

Dos pequenos livros que lembravam os mimeografados, que deixavam restos de tinta nos dedos e mostravam imperfeições de impressão, que saíam sujos e mal-acabados da máquina e da vida, passa-se aos "limpos" e cuidados volumes que resistem ao manuseio, que são materialmente imunes ao contato. Tal austeridade no design também aparece na coleção "Guizos", nas revistas *Inimigo Rumor* ou na *Cacto*, da mesma época, e parece assumir uma linhagem particular. Ela lembra, para continuar nossa comparação díspar com a poesia marginal, não já os mimeografados, mas as capas de Waltércio Caldas para *A teus pés*, de Ana Cristina Cesar na mítica coleção "Cantadas Literárias", da editora Brasiliense. "Agora sou profissional", diz ironicamente um dos versos de Ana e nos lembra que a "Cantadas Literárias", exemplo clássico da importância de uma coleção para a construção do campo literário, marcou, no começo da década de 1980, a paradoxal visibilização e profissionalização de uma literatura que até então tinha circulado convivial e marginalmente (com todas as cautelas que hoje esse termo solicita). "ás de colete" reencena essa operação desde o primeiro título: a obra poética completa de Cacaso, em *lero-lero* (2002), à qual se seguiram as de outros poetas da sua geração, Chico Alvim (2004) e Chacal (2006).

Nestes casos o gesto parece mais claro: recuperar textos não reeditados e de muito difícil acesso, de autores imprescindíveis para a compreensão da história da poesia brasileira das últimas décadas. Operação necessária desde um ponto de vista arcôntico e institucional: são textos soltos que, ou se tornam *obra* e são *consagrados*, ou serão inexoravelmente perdidos, restando apenas um mito intocável. Só uma edição consagradora dará ao menos a possibilidade de que esses textos sejam efetivamente relidos e revividos, profanados. A passarinhada que passava, como dizia um dos poemas de Charles, agora está congelada em pleno voo, e está aqui.

Poderíamos dizer, então, que a passagem das edições mimeografadas – folhas soltas, livros efêmeros e em tiragens obsoletas – para as capas duras confirma o fim da vigência do projeto marginal, mas também faz com que os olhares se voltem para ele: um projeto por muitos desconhecido para além do rótulo. A nova publicação quer chamar a atenção sobre a letra para além da performance ou das características do suporte que foram as principais pedras de toque da crítica para avaliar a geração marginal. Porém, esse volver os olhos para o texto fala mais de uma vontade do projeto editorial do que de uma solicitação dos textos editados, pois nessa mudança de situação de edição alguma coisa de essencial desses textos parece se perder inexoravelmente.

Pois bem, "ás de colete" reencena a operação *visibilizadora* de "Cantadas Literárias" em relação à poesia marginal, propiciando a visibilização de vários dos jovens poetas que apareceram a partir do convívio de oficinas dos anos 1990 e 2000 (como é o caso da poeta Angélica Freitas, de Porto Alegre, que chega às páginas de "ás de colete" a partir de uma oficina ministrada por Carlito Azevedo na cidade gaúcha). Entre os autores nacionais que figuram nesta coleção, com algumas exceções, quase todos concentram suas publicações prévias na editora 7Letras, seja com livros ou com aparições nas suas revistas; e, ainda, a porcentagem de autores surgidos da convivência de "Moby Dick" é significativa, ainda mais levando em conta que dela participavam já os coordenadores da "ás", Carlito Azevedo e Augusto Massi.

Mas não é apenas um estatuto extratextual o que mostra tanto continuidade quanto mudanças na passagem de uma coleção a outra. Embora ainda estejam, sem dúvida, vinculados à aposta na escrita a partir dos encontros e contatos com os outros, embora ainda evidenciem o procedimento da inclusão de vozes, através de citações, diálogos, ou outros recursos dramáticos – os textos da "ás de colete" tem um intuito, digamos, menos efêmero. Talvez o exemplo mais explícito seja o volume de Marília Garcia: seu *Encontro às cegas* (2001) publicado pela "Moby Dick", na reedição/reescrita em *20 poemas para o seu walkman*, é "Encontro às cegas. Escala industrial" (2008), onde há uma exploração mais explícita da narrativização, dos limites do verso, expandindo os motivos dos antigos poemas, como se eles estivessem procurando um suporte e um dizer mais "comunicativo", mesmo quando apenas encontrem, como mostra Celia Pedrosa, uma outra instabilidade, outra modulação da crise da poesia e da perda de especificidade que lhe é intrínseca. Ou também no caso de *jet-lag* de Aníbal Cristobo que, na sua compilação para *Miniaturas kinéticas* na "ás de colete" perde os cinco poemas alheios – entre eles "O que pensa o contacto" analisado na nossa introdução como sintomático de uma edição convivial – que tornavam o livro um encontro explicitamente afetado de vozes, com um autor totalmente colocado em questão e disseminado.

Em outras palavras, a passagem de uma produção convivial, instável e pirata para outra, consagradora, institucional e profissionalizante, torna evidente uma série de tensões que habitam a própria ideia de afetividade: mostra que o afeto, como marca intersticial e de constituição relacional, marca do incompleto e do plural, resiste a se traduzir em um texto publicado, em um nome de poeta *já* formado. Afinal de contas a pergunta: podem, os afetos, ser profissionais?

Uma antologia do convívio

Para acompanhar os passos da dança das escolhas afetivas e estéticas que circulam na oficina informal da 7Letras, na coleção "Moby Dick" e na "ás de colete", deveríamos passar pelas revistas (quase antologias) *Inimigo Rumor* e *Modo de Usar & Co.*, ou ainda pelo volume *A poesia andando: treze poetas do Brasil*, publicado, em 2008, pela editora de poesia Cotovia, de Lisboa. As organizadoras Marília Garcia e Valeska de Aguirre enfrentam a tarefa de antologizar assinalando – como é de praxe – a "vitalidade crescente da poesia atual" e explicitando o incômodo da tarefa de seleção, que implica cortes e exclusões nunca gratas: "Por que esses poemas e não outros?" (AGUIRRE, GARCIA, 2008, p. 11) Para justificar o recorte, a resposta elenca algumas circunstâncias da escrita desses textos: primeiro, a vinculação dos escolhidos à 7Letras, onde Marília e Valeska trabalhavam como editoras; depois, a relação com a revista *Inimigo Rumor* e seu tratamento desierarquizado para poetas novos ou consagrados; e, por último, a relação com o selo "Moby Dick".

> Reunindo estas circunstâncias que serviam de base para a nossa seleção, faltava apenas um recorte temporal para ajudar a restringir as escolhas. Nosso critério foi o de reunir autores que tivessem publicado seu primeiro livro a partir de 1990. (AGUIRRE, GARCIA, 2008, p. 12)

O que se oculta por trás de uma arbitrariedade declarada no fato de estabelecer marcos cronológicos e circunstâncias editoriais é, paradoxalmente, o critério afetivo. Como se fosse menos problemático – ou menos antiético, aos olhos de possíveis críticas – falar desses critérios arbirários de datação ou localização do que explicitar algo que, no final das contas, não deixa de aparecer: os poetas são escolhidos porque são os poetas que importam para estas antologistas (que também "se escolhem", mesmo que respondendo a um pedido da editora). Importam aquém e além dos atributos que os definem. São as escolhas, subjetivas e objetivas, pessoais e coletivas, as que se descobrem, porque se ocultam, na explicitação de critérios arbitrários. Mas, na verdade, as organizadoras identificam, além desses parâmetros, algumas características bastante abrangentes que poderiam funcionar como critério estético de valoração: elas definem esses jovens trabalhos como "poesia andando", movimento constante que refere mais aos afetos em movimento do que aos critérios duros que acabam ficando como uma mera formalidade.

O critério de movimento responde, sem dúvidas, a solicitações éticas e estéticas caras à contemporaneidade de dispersão e expansão dos limites formais e linguísticos, que as organizadoras explicitam identificando, nos textos e de forma geral: um interesse no aspecto formal da linguagem, porém em circunstâncias novas, longe do construtivismo e do concretismo; um impulso à desierarquização das referências literárias, artísticas e cotidianas; o trabalho com poetas de diversas línguas. O que os poemas, "bastante heterogêneos entre si", teriam em *comum* é a característica metaforizada pelo título da antologia, são poemas em trânsito, que andam. Um andar "que aponta não somente para rotas sendo percorridas e para as formas narrativas nestes poemas, mas para a poesia do chão e do prosaico, uma poesia no meio do caminho" (idem, ibidem, p. 13).

Esta é a antologia do movimento e em movimento. E, se, por um lado, insiste-se na *futuridade* dessa poesia, interessa-me observar que, na verdade, é a antologia a que aponta para ela mesma como a "poesia de futuro". É essa organização, são essas escolhas, e não tanto os textos escolhidos, a que no final das contas aponta "caminhos, percursos e questões" (idem, ibidem, p. 13). Se há uma futuridade neles, é a sobrevida dada pela antologia: sobrevida marcada pelas pegadas do afeto e os resultados do convívio.

O convívio de um projeto cultural

Se o convívio pode ser associado a uma oficina de escrita que tem desdobramentos editoriais, vemos que na Argentina a modulação é outra, mas a questão é a mesma. No final da década de 1990, mais precisamente em 1997, aparece em Bahía Blanca (e no contexto da já comentada inaudita aparição de editoras independentes que, pelas características econômicas e técnicas que as sustentavam, também pode ser impulsionada pelas cidades do interior do país)[26] a hoje afamada editora de poesia VOX, uma das casas mais importantes na definição do que tem se chamado de *nova poesia argentina*. Se uma editora se define pelos títulos que publica – ou seja, retomando a afirmação de Contreras e

Astutti, se o catálogo fala por si só – o que o catálogo da VOX aponta é, principalmente (e além da indiscutível alta qualidade literária de grande parte dos seus autores: Martín Gambarotta, Sergio Raimondi, Roberta Iannamico etc.), a relação dos seus títulos com o *projeto VOX*, cronologicamente anterior à editora. Em outras palavras, talvez o ponto mais interessante da poesia da VOX esteja na interseção, no ponto onde o catálogo se mostra também como marca afetiva, pegada do *convívio* proposto pelo projeto.

VOX nasce como projeto cultural alguns anos antes da editora. O projeto – coordenado principalmente por Gustavo López – levou adiante, desde 1994, diversas iniciativas para a "produção e análise" de textos literários e artes plásticas contemporâneas. Realizavam-se encontros, recitais de poesia e lançamentos com editoras de outros lugares, oficinas, exposições, nas ruas ou num local onde outrora funcionara um açougue, acondicionado pelo projeto para acolher as atividades.

Nesse marco, em 1995, o projeto começa a editar a revista *VOX*, uma *revista-objeto*, com matérias sobre literatura e arte, com entrevistas e imagens de artistas contemporâneos de diferentes países. Publicam-se dez números da revista em papel, que, em 2000, chega ao fim por falta de recursos financeiros. Para dar continuidade ao projeto, os editores passam a publicar, a partir de 2001, a mais conhecida *VOX Virtual*, com o apoio da Fundación Antorchas, que dera um aporte imprescindível para a criação do site onde a revista permanece ainda publicada, embora tenha deixado de ser produzida a partir do número 24, em outubro de 2009.[27]

Na área de poesia, o projeto serve como uma espécie de continuidade do trabalho poético e das intervenções urbanas e no cotidiano que um grupo de poetas bahienses – os chamados *mateístas*, entre eles, Sergio Raimondi, Marcelo Díaz, Eva Murari – vinha desenvolvendo de forma sólida. A estética dos poetas mateístas investia na recuperação do cotidiano mas sempre a partir de uma desnaturalização da percepção, que depois – muito graças à visibilidade de alguns dos seus membros através da editora VOX – terá grande influência na cena literária argentina, principalmente no *objetivismo*.

VOX realiza diversos concursos de poesia e encontros que funcionariam, como diz o próprio Gustavo López, como "espaços de formação" baseados no encontro de poetas locais com poetas de outros lugares, estreantes com experimentados, ignotos com consagrados. De fato, em 2000 e 2001, VOX promove duas oficinas, a primeira coordenada pelos conhecidos poetas Arturo Carrera e Daniel García Helder, e a segunda pelo professor Daniel Link e a também professora, poeta e pesquisadora de poesia de longa data, Delfina Muschietti. Ambas contaram também com o apoio financeiro da Fundación Antorchas, que outorga as chamadas "Bolsas para a análise e produção de textos poéticos". Em cada oportunidade se reuniram vinte escritores, na sua maioria de Bahía Blanca ou de cidades do centro-sul do país, em seis encontros intensivos.[28]

Nessas oficinas institucionalizadas (financiadas por uma fundação e coordenadas por figuras reconhecidas e remuneradas) e periféricas (trata-se da "nova capital" recusada, da cidade que dá azar, segundo a crença popular, Bahía Blanca) também há, claramente, como na oficina que alimenta a "Moby Dick", uma concepção de poesia como trabalho de releitura e análise crítica, que tem por resultado uma produção heterogênea, mas que, como apontará Arturo Carrera na sua antologia da jovem poesia argentina, tem como traço comum um gesto no rosto: uma negativa a se postular de forma estável.

À procura de um gesto em comum: monstros que afetam

Monstruos. Antología de la joven poesía argentina, organizada por Arturo Carrera, publicada em papel em 2001 – embora tenha permanecido na página web do Instituto de Cooperação Ibero-Americana durante alguns anos, a partir de 1998[29] –, parece dar continuidade a uma oficina também organizada pelo projeto VOX em 1998, que levava por título o de "Alternativa actual de la poesía: sigilo e espamento", algo assim como sigilo e alarde. O livro começa com a declaração – a estas alturas, previsível – da arbitrariedade e da dificuldade da tarefa do antologista, empreitada necessariamente reducionista e injusta, já que "na sua aparente eficácia, na sua boa consciência objetiva, nos traz também o perverso sentimento do incompleto. E acaso seja esse *sei lá o quê* indefinível, e até indefendível, de toda antologia, o que a torna uma empreitada monstruosa" (CARRERA, 2001, p. 10). O afeto que as organizadoras de *A poesia andando* evitaram explicitar continua em *Monstruos* sem ser nomeado, porém não permanece não dito. Antologia monstruosa porque, como todo arquivo, está marcada pela sua destruição – pelo seu *mal*, diria Derrida – e, sendo uma coleção, aponta permanentemente para as aberturas da série: combina a pulsão de arquivamento com a consciência do reducionismo.[30] Mas a ideia que aparece no título vai além do ato de discriminar, e paira sobre a figura de cada um dos autores ali presentes: são monstros. Monstros pelo fato de se mostrarem como diferentes e ainda diferentes entre si. "Equívoco das evocações poéticas, a palavra *monstro* quer dizer não apenas 'mostrar' mas 'mostrar espetacularmente'. Eis meu espetáculo: mostrar o contraste de juventudes, e ainda de poéticas." (idem, ibidem, p. 11) Como assinala Michel Foucault em *As palavras e as coisas*, e lembra Ana Porrúa na sua resenha desta antologia, o monstruoso é a diferença que marca a ausência de lei ou critério universalmente válido para realizar uma seleção. Sem critério, nem lei, temos a pluralidade, os monstros, os afetos.

Se a monstruosidade, nesse sentido, pode ser pensada como *estranhamento*, como a percepção desautomatizada daquela coleção que tínhamos como norma, é preciso perguntar pelo *sujeito dessa experiência*. No fato de nomear esses poetas como monstros, há uma evidente marca da afecção sobre esse sujeito: Carrera, afetado pela admiração, seja de uma forma sutil e *sigilosa*, seja de uma forma explícita e *espamentosa*, constrói seu *brave new world*. A admiração, como diz Mario Perniola, foi considerada uma paixão ora reveladora, ora turbadora da razão. No primeiro caso, e em uma linha que vai da filosofia platônica até Descartes, a admiração seria a mais filosófica das paixões, dado que nasce do apreço por aquilo que é excepcional, extraordinário e da consciência da própria ignorância (PERNIOLA, 2006). Já na linha de Spinoza, seria uma paixão que, pela surpresa que provoca, é da ordem da turbação: a mente permaneceria fixa naquele elemento que causa admiração sem se vincular a nenhuma outra ideia, anulando a possibilidade de estabelecer encontros potencializadores. *Monstruos* "é a antologia de um poeta que se desentende da exaustividade, que *lê e seleciona a intensidade que escreve*. Não se trata de que os antologizados se inscrevam na esteira de Carrera, não interessa a figura de Carrera como pai literário, mas como um par da 'tribo poética'" (PORRÚA, 2001. Grifos meus). Muito longe de qualquer narcisismo, esses são os seus monstros, seres admiráveis em um sentimento tanto revelador como turbador, fiel à complexidade dos afetos.

Carrera é consciente do gesto instituidor de presente, gesto de intervenção no campo, que uma antologia significa, mas em lugar de procurar continuidades, o programa de Carrera é pensar a aparição da poesia jovem justamente a partir da sua impossibilidade de aparecer, de se postular, de construir um rosto verdadeiro: procurando as dissoluções, as perdas, em lugar de apontar tendências: "Me inclino a acreditar numa história da poesia feita de acontecimentos fulgurantes, cujos efeitos e causas pudessem ser medidos 'a plena perda'." (CARRERA, 2001, p. 12) "Nem procurar nem achar, só perder", como diz Carlito Azevedo no poema "Margens", ou como o risco da perda da própria subjetividade no contato com o outro (ESPOSITO, 2007), a perda que todo afeto, todo vestígio, vem – inexoravelmente – testemunhar.

Desse modo, é no centro vazio dessa perda que Carrera arrisca as características poéticas compartilhadas por esses escritores: a evidência das intermitências e opacidades da percepção, principalmente do cotidiano, e uma "aproximação a uma linguagem 'absolutamente despreocupada' já que não indiferente à tensão da língua" (2001, p. 11). Traços, lembremos, também presentes nas tentativas de encontrar algo em comum que realizam Marília Garcia e Valeska de Aguirre na sua antologia. Aquilo que se pode apontar como comum é o que garante a condição afetiva e imprópria dessa poesia: ela se dá apenas como vestígio, resto de uma passagem. De certa forma, então, a poesia produzida a partir das oficinas do projeto VOX tem uma matriz convivial que, diferentemente dos exemplos brasileiros, se dedica menos a problematizar e testemunhar de forma direta os encontros entre poetas e suas relações cotidianas, ou seja, se dedica menos a trabalhar a fronteira explícita entre vida íntima e campo cultural, e mais a trabalhar a relação do poeta com seu entorno cotidiano, sua percepção e sua memória (sempre falhas). Isso pode ser observado em todas as intervenções *mateístas* – não esqueçamos que o nome vem da cotidianidade do *mate*, o chimarrão argentino. Assim como em *Poesía Civil*, de Sergio Raimondi, *Pre Insectario*, de Lucía Bianco, *Mamushkas* e *El collar de fideos*, de Roberta Iannamico; mesmo que estas últimas não estejam na antologia de Carrera. E ainda pode-se observar para além dos editados por VOX, na poesia de Andi Nachon, que cruza a preocupação com a produção coletiva e a percepção do cotidiano.

Assim, de um e outro lado do Prata, as antologias de poesia feitas por poetas (auto)destacam não seu pertencimento a uma tradição claramente definida, senão o desejo de "caminhos, percursos e problemas" insistindo na característica de futuridade da própria obra: o *ainda não* que define todo corpo atravessado por afetos (GREGG, SEIGWORTH, 2010, p. 9).

A explicação desafetada

Apesar da diferença de modulação que poderia ser apontada entre a "nova poesia brasileira" e a "nova poesia argentina" – rótulos que se revelam inúteis –, o que parece estar no centro é o questionamento da especificidade poética ou literária, a partir de uma aposta no poema como marca afetiva. Porém, tal como se torna evidente nos movimentos das formas de organização vistas no caso brasileiro, na Argentina a visibilização desta poesia como afetiva não se realiza sem custos, reações, ou *tentativas de domesticação desde dentro dela mesma*. Por exemplo, observemos *23 chicos bahienses*, a bela antologia editada por VOX, em 2004. Diz Gustavo López na apresentação:

> A década de 90 foi um período particular e frutífero na poesia argentina, época de superprodução, entusiasmo e abertura. As publicações, encontros, recitais e pequenas editoras emergiam e se difundiam dando conta de uma prática, que além de revitalizar o campo poético expressava pluralismo e heterogeneidade (...). O ano de 2000 começou com fúria e pressa. Graças ao apoio da Fundación Antorchas convocou-se a bolsa para a análise e produção de textos poéticos

dos anos 2000, 2001, 2002 (...). A antologia aqui reunida pretende dar apenas um *testemunho desse tempo*, uma amostra, a modo de *resumo*, do que desde VOX entendemos como *significativo* de um ciclo de trabalho e reflexão que se projetou aliás em estímulo e *ações futuras*. (2004, pp. 9-10. Grifos meus)

Se levarmos a declaração ao pé da letra, diríamos que *23 chicos bahienses* parece ser o reverso de *Monstruos*: pretende dar um *testemunho* de um passado escolhendo o *mais significativo* para realizar um *resumo*, sem nenhuma amostra espetacular ou monstruosa à Carrera. Embora muitos dos participantes tivessem livros publicados posteriormente, seja ou não pela VOX, essa reunião seria um balanço de um momento específico, como se o encontro afetivo fosse anterior, fechado e passado, no ciclo de trabalho das oficinas.[31]

Mas, sem dúvida, não se trata tanto do que o antologista é capaz de dizer e explicitar sobre o próprio trabalho, mas de ver como a antologia funciona no campo literário e como cada texto faz um coral com outros dentro da própria antologia: *intervindo, e nunca apenas testemunhando*. Apesar dos critérios de escolha que López aponta, existem ações futuras como forças que, anacronicamente, definem a escolha: ações futuras, das quais a própria antologia e o catálogo da editora – supervisionados por ele – são clara evidência. Nesse 2004, a antologia vem de certa forma utilizar e colocar em tensão uma incipiente hierarquia poética, que o próprio projeto contribuíra para construir. Por exemplo, os escolhidos Sergio Raimondi e Roberta Iannamico – já editados por VOX em 1998 e 2000, 2000 e 2001, respectivamente – são poetas já relevantes dentro do campo literário de começo de milênio, que contam com uma fortuna crítica não extensa, mas relevante, e na antologia são colocados em diálogo com seus colegas de oficina, legitimando-os.

Em outras palavras, para além do "balanço" declarado de López, que afasta a publicação em papel do convívio das oficinas e torna aquela circunstância um *monumento*, a antologia pode ser lida a contrapelo, como a impressão de um afeto, como o desdobramento não monumental da circunstância dos encontros. Nesse sentido, o mais interessante desta antologia ou de *A poesia andando* estaria, justamente, na armadilha que se encena nos prefácios: os organizadores entram no pretexto (no pré-texto) procurando critérios objetivos (ora chamados de arbitrários, ora não) para tentar dar uma explicação, uma justificativa, ao centro vazio – revulsivo, inquietante, inexplicável, injustificável – do afeto. Do afeto que está entramado em toda escolha e nas suas consequências.

O fetiche e a coisa qualquer: materialidades da poesia

Como nos casos brasileiros apontados, também em VOX – e em outras pequenas editoras argentinas – a tensão entre afeto e monumento, ou entre convívio e escrita, tem um espaço de luta particular na materialidade do livro. De um modo geral, como constataram Ana Mazzoni e Damián Selci em seu controvertido artigo "Poesía actual y cualquierización", a década de 1990 na Argentina viu florescer junto com as pequenas editoras a publicação de poesia em formatos inusitados – inusitados se levarmos em conta que na Argentina não houve, como no Brasil, nas décadas imediatamente anteriores, experimentações com os formatos da poesia que tivessem a visibilidade, por exemplo, da poesia do mimeógrafo, dos envelopes de o *Preço da passagem* (1972), de Chacal, ou o *Jornal dobrabil* (1977-1981), de Glauco Mattoso – como acontece no Brasil.

Selci e Mazzoni apontam que "o primeiro que chama a nossa atenção nessa poesia não é o modo em que está escrita, mas a materialidade do objeto-livro que a suporta" (2006). No entanto, o tratamento dado em cada caso, e em cada casa, à existência material e gráfica dos volumes aponta mais diferenças do que semelhanças entre os projetos poéticos da época.[32] Por isso, observemos apenas como essa atenção ao desenho se realiza no caso da VOX. Os volumes mais emblemáticos do seu catálogo, entre os quais se conta *23 chicos bahienses*, se apresentam como pequenas caixas de papelão ou pastas amarradas com barbantes, como se tentassem coadunar ou conter seu heterogêneo conteúdo: um ou vários livrinhos de alta qualidade de impressão, geralmente costurados, vêm junto com pequenos cartõezinhos, espécie de suvenir, com o logotipo da editora ou o título do livro, e que não têm nenhuma utilidade aparente, nem marcadores, nem porta-copo, nem adesivos... *Não servem para nada*. A presença desses elementos e sua união a um "livro" encena a pergunta pela utilidade de todos os papéis ali presentes, coloca em questão a definição do que seja um livro e, por extensão, a literatura, apontando para um alargamento desse conceito. Literatura é outra coisa, ou qualquer coisa.

Esta evidente aposta no design e na composição gráfica dos volumes mostra o autoquestionamento moderno que a literatura faz do seu próprio pertencimento à literatura, mesmo que isso lhe custe chegar ao limite da própria fetichização (outra forma de congelamento). "Vou fazer um curso secreto de artes gráficas. Inventar o livro antes do texto. Inventar o texto para caber no livro. O livro é anterior. O prazer é anterior", diz um poema/carta de Ana Cristina Cesar. Estes livros-objeto, dessa forma, ao convocar as atenções para a sua existência material, colocam em questão sua própria existência como literatura, tanto por evidenciar seu fetichismo quanto por se aproximar do trabalho artesanal, manual, comunitário lembrado por Benjamin em "O narrador".

Estes fetiches artesanais não querem, ou não conseguem, formar parte da biblioteca clássica, são refratários a ela, como apontam Mazzoni e Selci. A *endeblez* – a fraqueza, a precariedade – os invade e invade a lógica da escrita. Por seu próprio formato, estão condenados a permanecer à parte, sem se misturar, numa prateleira diferente, caso queiram manter a sua frágil integridade – "sempre prestes a se perder, se dobrar, se desfazer". Ou condenados a se misturar tanto que só possam ser resgatados do magma do movimento aleatório do arquivista por uma imantação, um afeto casual, que o leve até a mão do leitor que, na verdade, procurava um livro e não outra coisa.

Esse ser primeiro *outra coisa*, e não um livro é o que Mazzoni e Selci chamam de "qualquerização" da poesia:

> Porque qualquer um pode ser um escritor, correlativamente, qualquer coisa é um livro (...) para que qualquer um possa ser escritor, antes é necessário que o próprio escritor se "qualquerice" – por assim dizer, foi preciso que se "alargasse" seu conceito. O mesmo deve ser dito da outra questão, pois o livro deve também "qualquerizar-se" *para* que qualquer coisa possa se converter em livro. (MAZZONI, SELCI, 2006)

Lembremos que Agamben no seu conhecido postulado aponta que a "comunidade que vem", "a comunidade dos que não têm comunidade" estaria formada por singularidade *qualquer* que, sem abdicar justamente das suas qualidades identitárias, se abre a uma relação com outras singularidades que importam, pelo fato de simplesmente *serem*. Embora também na expressão "qualquerização" de Mazzoni e Selci esteja implicada, mesmo sem referência explícita, a reflexão agambeniana, uma desidentificação do que seria poesia ou literatura, esse alargamento do significado dessas palavras se mostra como um processo positivo e necessário de perda da especificidade, mas também crítico, pois corre o risco de ser capturado pela lógica da mercancia que justamente pretenderia se discutir: esses livros de poesia são objetos quaisquer, esses objetos se tornam fetiches, falsos objetos de arte, essa poesia *es cualquiera*. Um *cualquiera* carregado do significado portenho: mentira, fala não provada, caô.

Como assinala Vanoli, nesse tipo de edição se colocam em jogo estratégias de mercado particulares, mas "quase todas coincidem na geração de laços sociais através da publicação em superfícies virtuais e de catálogos-butique ou personalizados que expressam a crescente segmentação da oferta no mercado dos bens culturais" (2010, p. 135). Dessa forma, a "qualquerização" se aproxima de uma particularização que deve ser olhada com cautela e colocada em relação às escolhas literárias que se operam para publicar um autor dentro dessas coleções-butique, altamente especializadas e exclusivas.

Em outras palavras, no design das coleções que analisamos até aqui se observam as duas caras da produção feita por escolhas afetivas, que também se traduz nas tensões das antologias. Por um lado, permite pensar a "qualquerização" num sentido positivo de abertura aos contatos, de vulnerabilidade, que recupera a prática artesanal, manual, em que a comunidade se "encontra" corporalmente, e onde a sua voz/vox se torna comum. Por outro, assumem sua participação mercantil (veja-se o alto preço de capa destes livros) ao se valorizar enquanto caixas/objeto de consumo/luxo. Assim, seja como *vox* comum e imprópria, seja como *box* fetichizada e apropriada,[33] estas produções deixam de ser, sem deixar de ser, aquilo que, até ontem mesmo, chamávamos de literatura.

As escolhas afectivas: explicitação e reações

Na organização das coleções e das antologias abordadas até aqui a relação com o afetivo e a transitividade podia ser pensada como algo que ficava à mostra pelo recuo de definições identitárias, estéticas ou cronológicas claras, tornando esses critérios não tanto assumidos abertamente quanto operantes, tal como se depreendia das formas de organizar o arquivo. No entanto, há um espaço de escrita onde esse critério foi abertamente explicitado, encenando um gesto provocativo que gerou incômodo e debates, e que é necessário olhar criticamente: o blog *As escolhas afectivas* e alguns textos afins.

As escolhas afectivas: sinais da crise, sinais de apogeu

A partir de junho de 2006 surgiram, na internet, diferentes curadorias autogestionadas de poesia – começando na Argentina, estendendo-se a países latino-americanos e europeus, sob os significativos nomes de *Las elecciones afectivas/ Las afinidades electivas* (para a maioria dos países hispanófonos), e *As escolhas afectivas* (no caso do Brasil).[34] *Las elecciones afectivas/Las afinidades electivas* e *As escolhas afectivas* são antologias virtuais de poesia contemporânea definida, apenas em primeira instância, a partir do adjetivo gentílico e, portanto, nos marcos das literaturas nacionais – "curadoria autogestionada de poesia..." de algum país, seja argentina, brasileira, chilena ou a que for – levantando um dado que desde o começo mostra a tensão entre o próprio e o impróprio que guia nossa reflexão. Escolhas afetivas, escolhas nacionais? Ciente do aparente paradoxo, faço a escolha de trabalhar com os blogs de Argentina e Brasil, um pouco porque me afetam e outro pouco porque neles se desenvolvem alguns debates e explicitações de intenções que não estão nos demais, mesmo sabendo que todos eles se interconectam.

Será preciso fazer, em primeiro lugar, uma pequena descrição da ideia que guia a construção dessas antologias. Segundo ele mesmo relata em diversas entrevistas, em junho de 2006, o poeta argentino Alejandro Mendez[35] cogita a ideia de criar um espaço onde os poetas contemporâneos, vivos e que estivessem produzindo, tivessem um lugar de visibilidade e reunião. O blog resultante consiste em uma extensa lista de nomes que funcionam como diferentes entradas – no caso argentino, hoje mais de quinhentas; no brasileiro, mais de duzentas; no restante, a lista é um pouco menor, mas continua sendo ampliada, cada qual no seu ritmo. Clicando na entrada de cada nome próprio, na maioria dos casos aparece uma foto do autor, uma pequena amostra dos seus textos escolhida por ele mesmo – nunca são mais de cinco poemas –, uma minibiografia e uma "poética" onde, em poucas linhas, o autor descreve ou metaforiza o que define como a sua forma de escrever. Mesma forma de apresentar cada poeta que mostra a antologia de Arturo Carrera, *Monstruos* (2001), tanto no seu formato virtual quanto em papel. A amostra de poesias de cada um não pretende dar uma ideia acabada nem representativa de toda a sua produção, senão apenas apresentar o escritor em sociedade, dado que muitos deles têm apenas um livro publicado e outros, nem sequer isso. Entretanto, não são apenas nomes de poetas emergentes, também aparecem ali alguns dos que poderíamos chamar de "poetas vivos consagrados", mesmo que as ausências também sejam significativas. Na Argentina, e só para dar alguns exemplos, aparecem os nomes de Hugo Padeletti e dos editores do tradicional *Diario de Poesía*; no Brasil, os conhecidos Armando Freitas Filho, Glauco Mattoso e Régis Bonvicino, entre outros.

Nesses blogs, além das entradas de cada poeta e dos comentários dos leitores, existe um espaço para debates, os "foros de discussão", que ao longo do tempo foram se ocupando de diferentes temas sugeridos pelos curadores. Esse espaço, criado especialmente para a troca, interessa fundamentalmente porque nele aparecem as forças que se jogam no campo de forma mais explícita, e porque o debate agita as águas das polêmicas literárias que, no Brasil – diferentemente da Argentina, amante incondicional das mesmas –, são vistas com "desprestígio" ou, nas palavras de Heloisa Buarque de Hollanda, como "o que poderia ser percebido como um neoconformismo político-literário, uma inédita reverência em relação ao *establishment* crítico" (2001, p. 16).

O primeiro tema, que depois seria levantado pelos outros países, foi proposto no blog brasileiro, quase simultaneamente à sua criação, pelo curador Aníbal Cristobo (curiosamente, um argentino). Tratava-se de uma pergunta: "O que você acha da situação da poesia no Brasil?" As respostas, tal como sempre ocorre com esse tipo de pergunta, foram múltiplas, mas, nesse caso, os debates se articularam através de colocações que, primordialmente, questionavam ou defendiam os critérios e a utilidade da própria construção do blog *As escolhas afectivas*. Ou seja, a situação da poesia atual passou a ser interpretada, primeiro, não pelo que as poesias dizem – o que nelas está escrito, os procedimentos que mobilizam, o trabalho com a tradição etc. –, mas pela forma com que os poetas e suas produções se articulam no campo e na sociedade. Assim, o próprio blog se tornou o objeto privilegiado da discussão por ele proposta; e a pergunta, sem ser respondida com dados da poesia emergente aparecida fora desse espaço virtual, foi abordada quase exclusivamente por grande parte dos debatedores a partir do próprio blog, assumindo tacitamente que o que ali se *publicava/antologizava* era, mais ou menos fielmente, a poesia brasileira hoje.

As posições no debate foram sintomáticas. Por um lado, algumas respostas repetiam o discurso da *crise*, nas suas diferentes facetas. Algumas afirmavam que, em matéria de poesia, não existe nada de novo sob o sol, reatualizando acriticamente desse modo os valores de inovação, experimentação e originalidade mais caros à modernidade. Outras, mais radicais nessa mesma linha, respondiam com certo temor frente ao niilismo temático, à banalização, à recusa dos grandes valores da humanidade, à linguagem descuidada de boa parte dos poetas da nova produção, reatualizando, dessa vez, critérios humanistas e românticos. Já outras, ainda de forma subsidiária ao discurso da crise, porém mudando seu signo como algo positivo, celebraram esse mesmo niilismo e banalização como um posicionamento crítico pela negativa por parte da nova poesia.

Sem nos deter na pertinência dessas definições apressadas das temáticas e dos traços estilísticos compartilhados (dos quais sempre é preciso desconfiar na hora de definir uma "geração"), o que interessa destacar é a associação que se produz entre a avaliação da "situação da poesia brasileira" e o discurso da crise. Como assinala Marcos Siscar no texto "As desilusões da crítica de poesia": "A suspeita sobre o esgotamento das possibilidades do literário não é exclusiva de nosso tempo, [...] o discurso da *crise*, ou seja, do descompasso entre a poesia e as grandes questões da realidade, é um fenômeno da modernidade." (2010, p. 179) O sintoma da crise, constitutivo, revela uma impossibilidade de definir a produção do presente com traços definitivos, pois se uma definição é válida para algum ou alguns poetas, olhando outros, poder-se-ia afirmar o contrário. Já que, como se tem apontado, existe um consenso em relação a que não existe um discurso ou uma estética única dominante, possibilitando a convivência, num mesmo espaço de publicação, virtual ou físico – embora nem sempre de forma harmoniosa –, dos discursos em aparência mais díspares.

As colocações de Siscar ecoam não apenas nas posições assumidas por vários dos participantes dos debates, mas reflete uma posição que não mencionamos até agora, e que parece entrar em conjunção com um projeto mais geral de um setor mais ou menos consolidado, ou hegemônico, do campo poético: o de uma procura do discurso *anticrise*.

Expliquemos mais um pouco. Na entrada de "Concepto"[36] – que aparece no blog argentino e só é repetida no uruguaio – Alejandro Mendez explicita a intenção que guiou a construção da antologia virtual:

> Tentemos armar nosso próprio mapa, nossa constelação pessoal e dedicada, para admirar o brilho da diferença e o encanto dos enlaces inesperados (...). Será um blog em permanente construção coletiva. Uma antologia móvel e disforme, como uma duna: sem limites, nem hierarquias, nem censura alguma. Base de dados on-line armada por seus próprios participantes. Toda exclusão está excluída. É um sistema indeterminado de relações que fomenta o excesso de informações, poéticas e ficções, críticas e confissões. Baseia-se em uma premissa: se procuramos uma resposta, aparecem demasiadas. Será um lugar de trânsito para atravessar em zigue-zague e contemplar com atenção. Um tecido de pegadas que se tece a si próprio e conta sua história inconclusa, uma e outra vez.

A longa citação permite ver com clareza as intenções de abertura e inclusão, nas quais se insiste através do uso da primeira pessoa do plural, assumida por esse único curador, apelando a uma segunda pessoa, um leitor cúmplice.

Estabelece-se, a partir daí, uma frente que justamente terá como grandes inimigos o fechamento, a categorização, a procura de etiquetas e o discurso da morte da poesia, indo contra qualquer tipo de menção a uma pressuposta esterilidade da poesia atual. Insiste-se, também, na explicitação da procura de um espaço "móvel", "sem limites", "sem hierarquias", "inconcluso", de "trânsito", de "permanente construção coletiva", isto é, sem um único autor, senão "demasiados". Afastando-se claramente tanto da antologia de autor, quanto da antologia-testemunho, Mendez levanta conceitos ou ideias que fazem parte de um paradigma muito caro a um grande setor das estéticas contemporâneas e, ao mesmo tempo, que respondem a uma solicitação mais ou menos explícita da crítica literária e cultural contemporânea: a leitura aberta, e não autoritária. Ainda, como se a falta de um grande projeto fosse não apenas uma consequência, mas, a partir desse momento, alguma coisa a ser procurada por um novo e frágil projeto. De fato, a maioria dos poetas que participa desse sistema – principalmente aqueles que de alguma forma se relacionam com a academia, como é o caso do próprio Siscar – sabe se preservar de cair nesse discurso que ele bem assinala. E, na verdade, esse *não cair no discurso da crise*, não apontar situações degradadas do contemporâneo, para não correr o risco de delinear qualquer desejo de refundação, passa a ser o novo estopim de debate.

Em poucas palavras, poder-se-ia constatar em muitos dos poetas antologizados e, principalmente, no modo de fazer essa antologia – e também as outras, bem como as coleções – uma correspondência entre as procuras estéticas pessoais, certos interesses ou solicitações da academia e os interesses de um mercado literário poético que, por ser pequeno mas cativo, tem regras particulares.

Escolhas afetivas: transitividade ou endogamia?

Dentro do blog *As escolhas* – como passou a ser conhecido –, o problema se faz evidente não apenas nas próprias aporias das ideias de descontinuidade, devir e significação em aberto na sua realização escrita, mas também quando entram em choque essas intenções com as contradições evidenciadas pela forma de construção da antologia. À primeira vista, a pretensão de estabelecer um mapa *desierarquizado e inclusivo* entra em contradição com a interpretação corrente das ideias de *afeto* e *afinidade* que dão nome ao blog.

De fato, o mais interessante da proposta parece residir no sistema de montagem da "antologia" – na qual pretende se apagar a figura do curador – "armada por seus próprios participantes", "coletiva", como aponta Mendez. Para tanto, pede-se para cada poeta que mencione outros poetas, aproximadamente cinco, com a única condição de que deve tratar-se de poetas vivos, abrindo o critério de escolha ao livre-arbítrio de cada informante.

De tal forma, o nome *escolhas afetivas* não é uma condição imposta aos poetas para delimitar o grupo a indicar, não é uma prerrogativa, porém, estando no título, funciona como pressuposto para a forma pela qual deve se realizar a escolha. A partir daí, o afeto como critério se familiariza a outros que nunca deixam de operar: critérios estéticos – como deve ser trabalhada a materialidade da linguagem – ou políticos – o que deve ser falado pela poesia, problematizando as diferenças que haveria entre cada uma dessas formas de escolha e – de modo crucial – superpondo-as.

Essa tensão provocada pela própria ideia de *afeto* foi o foco das polêmicas. Assim, a pedra de toque dos debates nos foros passou a ser o próprio conceito aglutinador, o próprio critério escolhido para a antologização.[37] A inclusão de vozes diferentes e sem um posicionamento hierárquico foi o ponto mais celebrado, mas depois – e muito rapidamente – censurado pelos críticos do blog, como se essa pretensão de inclusão da diferença houvesse sido enclausurada pelo fato de levantar a ideia de *afeto*, como se o *afeto* fosse contrário à ideia de abertura perante o diferente, como se o *afeto* só se limitasse ao círculo do conhecido, do mesmo. O *afeto*, assim como a *amizade*, entendido num sentido restrito, levou à acusação desses blogs/antologias como *endogâmicos*, levantando como uma particularidade autoritária dessa proposta a contrapartida de toda e qualquer escolha: a não escolha, tal como veremos nas entradas mais iracundas dos foros de discussão.

Os nomes de Carlito Azevedo, Ricardo Domeneck, Leonardo Martinelli, Marcos Siscar, Susana Scramim, além de Aníbal Cristobo, Heitor Ferraz, Manoel Ricardo de Lima e outros muitos anônimos e pseudônimos, aparecem nos diferentes espaços abertos ao debate e se cruzam para discutir a situação da poesia atual, mas, ao mesmo tempo, deixam ver as relações de intimidade e amizade através de abraços, cumprimentos e saudades particularizadas. Cabe aqui chamar a atenção para o fato de que, para além dos elogios entre eles e de certo destrato para com outros participantes – muito pouco amáveis por sua vez –, houve também uma tentativa construída entre uns e outros de definir o que seria desejável que a poesia atual fosse, e não tanto de definir o que ela é – mesmo reconhecendo que uma definição desinteressada também seria impossível.

Com este cenário, o debate sobre a poesia atual e as escolhas afetivas adquiriu maior força no blog brasileiro no começo de 2008, com a aparição, no Brasil, da revista *Modo de Usar & Co.*, e a reação do crítico Felipe Fortuna, ao receber o convite para o lançamento da revista. A *Modo de Usar & Co.* – hoje com três números impressos, um blog e um perfil no Facebook, assiduamente atualizados – é editada por Angélica Freitas, Fabiano Calixto, Marília Garcia e Ricardo Domeneck. A revista, com formato de livro, reúne poemas e textos sobre poesia de diferentes autores, estreantes e antigos, de idades e procedências diversas (de John Cage a John Lennon & Paul McCartney, de Leonardo Martinelli a Martín Gambarotta), ordenados alfabeticamente segundo a primeira letra do título de cada um.

Dentre os poemas mais jovens, chama a atenção um fato que repercutirá de forma central nos debates que analisaremos a seguir: a forte presença da citação amistosa. Vejamos um longo fragmento de um poema paradigmático de Ricardo Domeneck, ali publicado:

Texto em que o poeta medita sobre algumas
escolhas estéticas na companhia de
Angélica Freitas em Buenos Aires
A Cristian De Nápoli

hilstado a comparecer
à óbvia
escolha y elección
entre o/el
cânon o thénon
não
quis adular la aduana
a convencer
a fronteira
a pizarnikar
a leminskaria
& perlonguei
meus passos, girando
por calles muy concretas
(ay, bacacay!)
[...]
que me tele-
trans-

portas-
sem
a eras o países
imaginários
&
quedei-
me ali mesmo na
Rivadavia 4930
com o café frio
(três cubos de açúcar
no cálice a prova
de que existo)
sonhando
com a minha desova
completa[38]

Apontemos algumas questões a partir do poema: por um lado, explicita-se – no tom de quem já sabe todas as "obviedades" das escolhas – a necessidade ("hilstado a comparecer", *instado*) da realização de escolhas (entre o/el cânono thénon) para o armado da própria biblioteca; escolhas que desde o título são definidas como estéticas, mas que estão contaminadas por uma companhia concreta em um lugar concreto: a amiga/poeta/coeditora num café portenho, cidade de muitas das estéticas ali "escolhidas". As escolhas estéticas se enquadram por escolhas amicais. Por outro, o poema figura uma tensão entre identificação e trânsito, seja desde as marcas espaciais, seja nas relações intersubjetivas.

As escolhas estéticas se superpõem às escolhas afetivas e propiciam, simultaneamente, um gesto identificatório e um outro, oposto, de transitividade. Certamente, e tal como o poema figura, o movimento propiciado é, ao mesmo tempo, ancorado por essas referências identificatórias: o arco que vai de "que me tele-/ trans-/ portas-/sem/ a eras o países/ imaginários" a "quedei-/ me ali mesmo na/ Rivadavia 4930". O deslocamento espaçotemporal se mostra tanto motivado como obturado pela autorreferência. O conjunto de citações no corpo do poema parece chamar a uma mobilidade, a uma circulação por entre vozes poéticas diversas e transnacionais, para, finalmente, retornar a um lugar de coordenadas definidas e a um sujeito lírico comprovável, ancorado na primeira pessoa, que aspira a uma obra completa. No entanto, essa autorreferência também parece estar sujeita a problematização, sendo que não se trata de uma "obra", nem sequer de uma "ova" – tal como a referência à "ova completa", de Susana Thénon,[39] poderia indicar – mas a uma "desova". Embrionariamente, os poemas e poetas se refazem.

Mas voltemos à característica mais predominante e evidente no poema: a *citação* como marca de uma escolha estética/afetiva, levada aqui ao paroxismo (já que é um elemento que permeia grande parte da poesia publicada nos últimos quinze anos no Brasil e na Argentina, nenhum exemplo será tão explícito, programático e pouco sutil). A escolha afetiva – que, se levarmos em conta título e dedicatória, se superpõe à referência aos amigos, ao passo que, se levarmos em conta o corpo do poema, se superpõe à explicitação de uma biblioteca ou *paideuma* – é particularmente nominalista. Dá-se através de diferentes nomes próprios da poesia brasileira e argentina contemporânea, nomes convocados como ícones que pontuam um mapa afetivo e estético, definindo tanto o grupo de amigos quanto a biblioteca comum.

Por ordem de aparição, os nomes são: Angélica Freitas, Cristian De Nápoli, Hilda Hilst, Susana Thénon, Alejandra Pizarnik, Paulo Leminski, Nestor Perlongher, os poetas concretos. Insistimos na distinção de dois grupos mencionados, e duas formas de fazer essa menção. Se, por um lado, trata-se de nomes próprios, só no caso de Angélica Freitas e Cristian De Nápoli essa nomeação se faz de forma substantiva, em caixa alta e de forma destacada no título e na dedicatória, enquanto os outros nomes estão – na sua maioria

– transformados em verbos transitivos. O dado inelutável e objetivo do funcionamento das duas primeiras menções como marcas identificatórias (de grupo estético, de família, de autorreferência?), ainda mais aprofundado na lembrança que o poema propositalmente traz da dicção poética da própria Freitas, é ressignificado pela transitividade da construção da biblioteca.

Levando em conta essas características poéticas e sua expansão em muitos outros exemplos, tornemos ao debate sobre *As escolhas afectivas* como critério estético. Felipe Fortuna escreveu um artigo, publicado em 19 de janeiro de 2008 no caderno "Ideias & Livros", do *Jornal do Brasil*, depois enviado por e-mail a alguns contatos – via pela qual chegou às mãos do próprio Aníbal Cristobo – e, finalmente, foi postado nos blogs. O artigo fazia uma crítica sarcástica e mal-intencionada sobre a nova revista, a *Modo de Usar & Co*. Em primeira instância, analisava o texto do convite como se fosse uma apresentação editorial ou manifesto – que a revista faz questão de não ter –, e como se pudesse dar uma ideia acabada da revista toda. A partir daí, levantava o foco da sua crítica: a endogamia da nova publicação. De um lado, Fortuna justificava a apreciação, criticando negativamente que o comitê editorial fosse um desdobramento do comitê da *Inimigo Rumor* e, tomando o nome de Cristobo, expandia a crítica ao *As escolhas afectivas*. Diz Fortuna:

> Está no ar, por exemplo, o site *As Escolhas Afectivas*, organizado pelo poeta argentino-brasileiro Aníbal Cristobo – também presente na revista *Modo de Usar & Co*. Nele se criou um sistema de indicações pelo qual o poeta mencionado deve mencionar outros poetas, num círculo vicioso e de força centrípeta: é lá que Fabiano Calixto escolhe Ricardo Domeneck (que escolhe Marília Garcia e Angélica Freitas) e Marília Garcia (que escolhe Ricardo Domeneck), cujos afetos se expandem aos nomes dos demais colaboradores da revista [...]. Esse aspecto gregário, que repele a voz individual e se fundamenta na informalidade, seria apenas uma anotação sociológica se não apresentasse fundas repercussões na obra literária: em *Modo de Usar & Co.*, desdobra-se a cumplicidade não somente nas dedicatórias, mas também na falta geral de surpresa com a originalidade de um poeta. (2008)

O tom sarcástico, junto com a desinformação a respeito da genealogia dos blogs, e o juízo apressado quanto à revista, gerou respostas iracundas que desarmaram a já frágil argumentação do crítico e a sua solicitação de voltar a dar importância ao "talento da voz individual".

"Falar do círculo vicioso e de forças centrípetas de um blog que deve andar pelos 150 poetas sem ser financiado é supor que o pequeno grupo de amigos não é tão pequeno; ou que a sua leitura é tendenciosa", diz Aníbal Cristobo em uma das respostas colocadas no blog sob o título "Cartas de amor. Crítica brasileira limitada". Ali aparece uma série de instigantes e corrosivas correspondências eletrônicas trocadas entre Felipe Fortuna e o próprio Aníbal.

Mas outra das respostas a Fortuna, que aparecera no blog da *Modo de Usar & Co.*, "Seleção e síntese: resposta a uma resenha",[40] foi dada por Ricardo Domeneck. Ali se mostra novamente a armadilha retórica na defesa da escolha: em lugar de se atrever a assumir a sua característica revulsiva e seus problemas, o texto acaba mostrando uma voz blindada. O texto acusa de *hegemônico* a quem acusara o blog e a revista de *endogâmicos*, caindo num movimento maniqueísta que, em lugar de discutir a pertinência crítica da intervenção de Fortuna, reduz-se a uma adjetivação não muito justificada do que seria o caráter hegemônico e canônico das ideias do crítico. Domeneck não problematiza ou desenvolve as ideias de endogamia, de citação amical, de afeto e das relações interpessoais como os conceitos complexos que eles são; limita-se a traçar uma genealogia, aparentemente legitimadora da própria prática (como o paideuma do poema), de outros grupos poéticos que também tinham a escolha afetiva como critério de agrupamento e antologização: os dadaístas, a escola de Nova York, sem apontar nesses *afetos* possíveis diferenças.

Se as cartas de Aníbal parecem ter um tom mais belicoso e não entram em explicações teóricas ou programáticas, supõem, no entanto, uma avaliação do afetivo como um conceito complexo e, inclusive, contrário a um sentido cândido e bem-intencionado. Diz o último e-mail enviado a Fortuna:[41]

> Evidentemente são cartas de amor: do amor que cada um tem ou deveria ter por aquilo que faz, e por aquilo que os outros fazem e se tem o gosto de comentar, como forma de aporte, de procurar complementar o trabalho de outro, não acha?
>
> Bom, não. Com certeza, não acha.
>
> Eu acho que o assunto não é unicamente de interesse para o blog: reproduzo neste espaço porque é o

que está ao meu alcance, claro. Mas acho que a irresponsabilidade e arrogância com que um crítico é capaz de tratar a produção alheia é algo sobre o que vale a pena refletir.

Por último: o oposto aos poetas que mencionam a outros serão os poetas que se mencionam a si próprios? Ou dito de outro modo: o vaidoso solipsista que acusa o resto de endogamia – e que não se mistura com eles porque não estão à sua altura – que siga gozoso, se manchando da sua própria pena, única tinta com a que sonha se conceber a si próprio para o resto da eternidade. (2008)

A discussão da endogamia, então, se, de um lado, mostrou que a colocação de Fortuna era apressada e escondia um viés autoritário e autocentrado muito mais perigoso, paralelamente, deixou ver com mais clareza que no blog, na revista *Inimigo Rumor*, na revista *Modo de Usar & Co.* e em vários outros espaços se articula um grupo de poetas e produtores com certa homogeneidade em matéria de ideologia poética. Esse grupo, com díspares tons reativos e, inclusive, com seu silêncio, formou uma espécie de frente, que defendeu a importância do sistema de escolha afetiva, explicou e explicitou a ideia de afeto de forma complexa, demonstrou a heterogeneidade nas poéticas publicadas, e manteve um discurso anticrise a respeito da situação da poesia brasileira hoje. Discurso que se opõe ao que Felipe Fortuna ainda exemplifica com seu texto, onde faz um chamado à recuperação da qualidade literária, à reivindicação das vozes individuais por sobre os grupos, à originalidade poética.[42] Atitude obliquamente assinalada e criticada por Cristobo: "O oposto aos poetas que mencionam a outros serão os poetas que se mencionam a si próprios?"

No entanto, de uma forma ou de outra, as reações contra esse modo de escrita e edição de poesia fazem aparecer certa hegemonia do discurso da anticrise, nem por isso ufanista ou ingenuamente otimista. No final das contas, a cumplicidade tão criticada por Felipe Fortuna se verifica, não como uma endogamia (incestuosa, tabu) que ele repudia, mas como um tipo de projeto que tenta enxergar as próprias limitações, ao mesmo tempo em que mostra a vontade de construir um projeto comunitário.

Bolas de neve:
o problema das marcas do afeto

Mas, para tentar definir a verdadeira abrangência da força endogâmica ou amical na construção do blog, seria interessante percorrer as semelhanças e diferenças na organização desses blogs em relação ao modelo original de antologização, de onde Alejandro Mendez tomou a ideia: o site *Bola de Nieve*,[43] hospedado pela página da revista de arte argentina *Ramona*, elucubrado pelo artista e sociólogo Roberto Jacoby. Em *Bola de Nieve*, o sistema de escolha é o mesmo que marca as curadorias de poetas: um artista escolhe outros, que escolherão outros por sua vez. Assim, o *Bola de Nieve* é um mapa ou uma antologia aberta, em permanente construção, dos artistas visuais que estão produzindo hoje na Argentina.

Visualmente, tem muitas semelhanças com o mapa astral cartografado por constelações cujos pontos se unem com linhas imaginárias e assinalam uma relação a ser interpretada. Trata-se de uma imensa nuvem de nomes, na qual, ao se passar o ponteiro do mouse, um deles avança ao primeiro plano, e os nomes dos artistas que essa pessoa tiver mencionado aparecem unidos por linhas, e também adquirem relevância na imagem. Dessa forma, a rede não pode ser visualizada ao mesmo tempo ("desde então as nuvens são vertigem para os olhos", diz Marcos Siscar num poema), mas revela as relações de forma não hierarquizada, ou melhor, com hierarquias momentâneas. O artista mais *importante* é aquele que escolhemos como *importante* num momento específico.

Mas esse não é um dado menor. Ao propor o sistema de antologização por indicação, seus criadores achavam que o mapa resultante mostraria as particularidades do campo das artes plásticas argentinas e, em decorrência, previram uma distribuição desigual por grupos e escolas. No entanto, Leonardo Salas, um dos encarregados de realizar a diagramação do design e de postar as informações, escreve um texto que também se encontra no site, "Sobre la visualización dinámica de la bola de nieve", e nele assinala a descoberta que a visualização proporcionou:

> Achávamos que a rede ia mostrar com clareza as brechas estéticas, geográficas ou de geração que atravessam a produção artística na Argentina. Mas não foi assim. Em vez disso, nos encontramos com uma rede "embaralhada", extremamente interconectada, onde a aparição de grupos relativamente isolados é escassa e débil. Observamos o surgimento de um grupo reduzido de nodos "centrais", fortemente conectados (...). Aqui há lugar para muitas considerações sobre, por exemplo, a ambiguidade do conceito de "artista predileto", e a diferença de intenção entre os que indicam os seus amigos e os que escolhem referentes já estabelecidos e validados. Mas, de um ponto de vista puramente formal, nos encontramos com uma topo-

> logia típica de quase todas as redes humanas. Não
> deveria ter nos surpreendido... (2010)

Esperavam-se grupos e nodos, artistas fortemente unidos entre si e separados dos outros. Esperava-se endogamia. Não foi assim. Mas foram a forma de visualização, a organização e a realização do site que revelaram os limites de um preconceito que funcionava – ou poderia ter funcionado – como ferramenta na hora de analisar o campo. Então, se a visualização foi a que permitiu abalar esse preconceito no site de *Ramona*, no caso dos blogs de poetas, a diferença visual deixou aflorar uma série de equívocos. Na verdade, como diz o próprio Alejandro Mendez em entrevista, a ideia primeira era realizar um projeto similar, mas, como não dispunha de dinheiro, descartou a realização de uma página web e pesquisou as possibilidades de concretizar o mesmo projeto num blog.[44] Isso não constituiria a priori um problema, nem parece suficiente para admitir leituras pouco apuradas e tendenciosas, no entanto, o mapa desierarquizado, de certa forma, virou uma mera listagem alfabética, que não ajuda a contestar nem a matizar a acusação do preconceito a respeito do fechamento dos grupos, nem aporta novos dados sobre a organização do campo de modo mais geral.

Para além desse descompasso na visualização, se for possível arriscar, à luz de *Bola de Nieve*, que o campo das artes argentinas não se constrói de forma endogâmica, presumivelmente o mesmo aconteceria nas curadorias de poetas. Mas isso não esgota o problema, ainda existem algumas caraterísticas – potências e limitações – do próprio método sociológico de amostragem, do qual Roberto Jacoby tomara a ideia para realizar o projeto, que é necessário destacar.

Embora a discussão seja sobre a amostragem, "o que sempre nos interessa não é a amostra, mas a população" (ARCHENTI et al., 2007, p. 52) – e o ponto de vista que se adota para enxergá-la. A partir daí, o pesquisador escolherá o método que considerar mais pertinente. Ou seja, no caso dessas antologias, o que se procura "observar" é a população da poesia contemporânea – entendendo por ela aquela que está sendo produzida na nossa hora histórica –, através de um método de amostragem – "bola de neve" – que, como toda amostragem, coloca em jogo um sistema de escolha ou seleção.

A forma de amostragem conhecida como *bola de nieve* – ou, em inglês, *snow sampling* – consiste em entrevistar membros de um grupo ou comunidade, pedindo, por sua vez, que indiquem os nomes de outros indivíduos que também fariam parte desse grupo. Esse sistema é uma ferramenta *pouco representativa* da comunidade a ser analisada, pelo fato de privilegiar o *dado qualitativo* da amostra e não o quantitativo. Porém, entende-se que um fato ou dado pode ser pertinente para dar conta de um certo conjunto de relações dentro de um sistema social e permite abordar o problema segundo critérios de escolha designados pelo pesquisador em relação aos sujeitos que participarão como informantes. Como resultado da pesquisa, não se obtém uma *amostra probabilística* nem *representativa*, mas uma *amostra significativa* da população a trabalhar.[45]

No campo da sociologia, esse tipo de método é criticado pela subjetividade do critério, estabelecido artificialmente pelo pesquisador, como uma falha do sistema. No entanto, e sendo que qualquer critério comporta uma forma predeterminada de escolha, os defensores do sistema colocam em evidência que a subjetividade da escolha, ao ser explicitada, pode ser útil para o melhor conhecimento do campo abordado. Desse modo, se faz necessário ler as sutilezas, as forças em jogo, os discursos e interesses de cada um dos atores, e não procurar, em um impulso maniqueísta, objetividade ou um critério universalmente válido, há muito perdidos.

Dois pontos a destacar: se, por um lado, o sistema de amostragem privilegia o olhar sobre a rede – que, no caso do site *Bola de Nieve*, concluía ser uma rede embaralhada e não hierárquica –; por outro, para o método, tem particular relevância, além do critério de escolha, o *primeiro informante*. Porque esse primeiro indivíduo, partindo de seus próprios critérios, vai ser quem começa a construção da rede, definindo sua parcialidade inicial, embora não dependa dele seu desenvolvimento. Nesse sentido, Alejandro Mendez, na explicação do "concepto" do projeto, diz: "Tem que se começar por algum lugar, então eu começarei mencionando aqueles poetas que admiro." Aqui, a escolha afetiva ou afinidade eletiva particular de Mendez se define pela *admiração* pelos poetas e, presumivelmente, pela poesia que eles escrevem. Admiração que, embora explícita, não é explicada, obrigando o leitor que percorre a rede a tentar definir as relações entre a *escolha afetiva* e a *admiração*.

Um pouco diferente é o exemplo do caso brasileiro: embora o curador Aníbal Cristobo não participe como poeta, foi ele quem escolheu como primeiros informantes Manoel Ricardo de Lima, Armando Freitas Filho e Lu Menezes, em paralelo: poetas não antitéticos, mas claramente diferentes em idade, gênero, fatura poética e afinidades amistosas. A tentativa parece, além de ser uma escolha complexamente afetiva de Aníbal, traduzir uma vontade de ter mais de um começo para a rede/bola de neve, dado que no decorrer das indicações mostra que as pegadas podem se tocar e misturar.

Nuances do afecto

Voltemos, contudo, ao critério de escolha em relação à vontade de não hierarquização. Outro dos pontos problemáticos, portanto, no trânsito do conceito entre o site *Bola de nieve* e *Las elecciones afectivas/Las afinidades electivas* e seus sucessores, está na mudança de nome. De uma forma de amostragem – "bola de neve" – se passa a evidenciar o critério de escolha – *afeto* e *afinidade*. Que consequências essa mudança pode trazer? Várias e, aliás, diferentes na Argentina e no Brasil, embora as duas mostrem uma vontade de definir um outro *afeto*, mais complexo que o de uma ideia naturalizada, correspondente a definições simplistas, unilaterais, homogêneas, unívocas, exclusivistas e, inclusive, endógenas, de sentimentos de carinho, amizade e amor.

Na Argentina, Alejandro Mendez escolhe um nome duplo – elecciones afectivas/afinidades electivas –, problematizando assim os termos. Por um lado, é explícita a referência ao romance de Goethe, *As afinidades eletivas*, de 1809.[46] Ali, o sintagma serve como alegoria ao conflito entre as ideias de *escolha* e *decisão*, paixão e dever, casamento e adultério, esposa e amante, que estão na base do enredo. O título coloca em jogo, assim, a confusão de termos a princípio inconciliáveis. No romance, a ideia de *afinidades eletivas* vem à tona na explicação do fenômeno químico de desagregação e combinação pelo qual dois elementos associados, ao serem submetidos à atração de outros elementos, podem se desagregar e formar novas combinações. Assim, evidencia-se uma característica espontânea ou física da escolha. A relação entre os diferentes elementos, portanto, não seria de determinação ou causalista, mas o resultado de forças de atração e repulsão, convergentes e conflitantes.

No entanto, e como bem assinala a prefaciadora do romance, "já o título *Wahlverwandtschaften* (afinidades eletivas) remete ao problema ético da ação humana, que pode ser chamada de 'livre' e 'racional' apenas quando consegue fazer o salto das 'escolhas' naturais e espontâneas para as 'decisões' que, ao introduzirem os limites da opção, são criadoras de novas realidades, agora eticamente relevantes" (ROSENFIELD, 1992, p. 15). Ou, nas palavras de Charlotte, personagem que problematiza eticamente a possibilidade de transladar o fenômeno dos elementos químicos ao comportamento humano: "O ser humano está muitos degraus acima de tais elementos e, se nesse caso tem sido tão liberal com essas belas palavras 'escolha' e 'afinidades eletivas', ele fará bem em voltar-se para si mesmo e desse modo refletir bem sobre o valor dessas expressões." (GOETHE, 1992, p. 53) Nesse sentido, uma lógica de *afinidade eletiva* na organização de antologias poéticas viria desagregar relações poéticas para propor novas, viria propor uma relação de ruptura com a tradição da semelhança estética, e com a associação naturalizada. Mas, por se tratar de pessoas, e não de elementos químicos, também recoloca a pergunta ética, da responsabilidade humana.

Voltando ao nome em questão, *Las afinidades electivas/Las elecciones afectivas*: se para uma análise deve ser levada em conta a referência a Goethe e às *afinidades eletivas*, é evidente que ela fica apenas como pano de fundo dentro do próprio projeto, graças ao rumo tomado pelos debates no foro de discussão, que se focam no segundo sintagma, "as escolhas afetivas". Como dissemos, esse nome duplo apresenta por si só uma instabilidade e uma problematização dos termos, mas a explicitação da consciência dessa tentativa crítica por parte de Alejandro Mendez só chegou depois, como resposta a uma série de colocações de Cristian De Nápoli. Nos debates, Cristian De Nápoli[47] – que, na verdade, utiliza pseudônimo mas deixa pistas suficientes para revelar sua identidade – critica duplamente o sistema de escolhas, tanto a *bola de neve* quanto o critério afetivo.

> O problema não passa por quem é realmente e quem não é poeta. A bola de neve aplana, é o que vemos nos desenhos animados, e tudo bem. A pergunta é como horizontalizar. Mendez teria que ter sido um estado, ou botar muita grana. Investir e apagar as pegadas. Porque as pegadas do afeto têm que ser apagadas. Uma bola para valer apaga as pegadas...

Parte da longa resposta de Alejandro Mendez foi:

> Não concordo em absoluto com essa visão; pelo contrário, adoro que se notem as pegadas do afeto, que fiquem as manchas da mão, que se vislumbre a ideologia, que fiquem as marcas.

Não podemos esquecer aqui os comentários de Benjamin em relação à vontade burguesa de conservar as pegadas nos seus interiores, em oposição a uma metrópole efervescente, baseada na lógica do anonimato.[48] Também não podemos esquecer a necessidade de apagar as próprias pegadas como um movimento de resistência, de máquina de guerra, contra o espaço estriado dos caminhos pré-traçados, como se pode pensar em relação ao conhecido poema de Bertold Brecht ou às colocações de Gilles Deleuze e Félix Guattari em *Mil platôs*. Mas, se em um e outro caso o foco está na conservação ou no apagamento das próprias pegadas, o que parece estar em jogo na bola de neve, e em discussão nesses comentários, é o que fazer com as pegadas dos outros em mim? Que categorias outorgar-lhes? Como arquivá-las, ou seja, ao mesmo tempo conservá-las e fazê-las produzir um sentido? Que margem de operação têm na nossa produção, que grau de influência têm no trabalho editorial?

A preocupação de De Nápoli passa por entender que o sistema, tal como colocado, reduz a classificação de alguém como poeta a uma nominação. Preocupação sem dúvida pertinente, pois evidencia-se uma mudança nos critérios de avaliação da poesia, e na identificação do poeta. Mudança que não pode ser aceita sem ver as armadilhas e as exclusões decorrentes, que não pode ser aceita sem se levar em conta a fragilidade da fronteira entre desierarquização e aplanamento.

Concordaremos, então, com De Nápoli: a bola de neve como sistema de escolhas – ou mesmo de amostragem – certamente não é "uma bola de neve para valer", pois nela nada parece estar congelado; nela não temos superposição de elementos aplanados, mas confusões e contaminação, elementos colocados a flutuar, formando nuvens que exercem influências não diretas nem determinantes sobre outros elementos, criando algo assim como que regiões climáticas, predominando certas luzes ou sombras, temperaturas e atmosferas. As nuvens de nomes formando os campos de afetividade.

Continua Mendez, explicando o título:

> Uma última questão em relação ao afeto. Na hora de pensar no nome deste blog (...) decidi incluir a questão afetiva porque estou convencido de que faz parte indissolúvel de qualquer tipo de escolha (obviamente não é a razão principal nem o eixo sobre o qual deveria ser feita uma intervenção crítica). Mas não se

trata unicamente do afeto, entendido como ternura ou como amizade, senão como os advogados o utilizam para se referir às sociedades anônimas "affectio societatis"; ou seja, que entre os sócios exista uma verdadeira intenção de estar reunidos em sociedade.

No Brasil, se em aparência Aníbal Cristobo determina a questão por um único lado, o do afeto como primeira instância, deixando apenas um dos nomes, *As escolhas afectivas*, ele introduz uma significativa torção: não são "escolhas afetivas", como seria a tradução literal de *elecciones afectivas*, senão "afectivas". O que em princípio pode parecer um erro – talvez, inclusive, surgisse mesmo de um erro – deriva do estranhamento. Estranhamento que abre diferentes sentidos, tanto os enciclopédicos como os filosóficos.

Mas a palavra transita além do espanhol e da nacionalidade de Aníbal, e coloca novamente a pergunta pelo campo literário e a sua configuração em relação ao afeto, misturando a situação particular e transitiva de Aníbal Cristobo com as relações afetivas que se colocam em jogo sempre. Como entender, então, que um argentino seja o organizador de um site que coloca a condição de brasileiro como um dos pontos da própria organização? Como entender que esse lugar seja nomeado com uma palavra em espanhol? Que tipo de trânsito foi necessário para que a poesia brasileira o admitisse, sem levantar nenhum tipo de chamada nacional ou de atenção? Que contatos afetivos foram necessários?

O *dever* de apagar suas pegadas que colocava De Nápoli, para não correr o risco da tão temida endogamia, bate, novamente, com a existência inelutável delas, principalmente ao falar de campos poéticos, artísticos, culturais. A aceitação da pegada, seja ela a tradição poética, seja a influência dos contemporâneos – Mendez propõe mudar a ideia de Harold Bloom de "angústia das influências" pela "delícia das influências" –, parece ser outra das características de muitos desses poetas e um dos pontos fortes dos debates. Mas ainda é possível pensar essas pegadas como vestígios,[49] sim, mas que já não identificam a quem passou: "Alguém que passa, cada vez, e cada vez *quem quer*, não porque seja anônimo, senão porque seu vestígio não o identifica. Cada vez, pois, também *comum*." (NANCY, 2008, p. 132)

Como seriam as relações afetivas na poesia, no trabalho com a poesia e com os poetas? Como seria o trabalho com a tradição, e com as leituras dos contemporâneos, que formam uma tradição ainda mais instável? O que fazer então com esse problemático *afeto*? O afeto, ao mesmo tempo, ancora e mobiliza, inscreve e endereça, identifica e propicia o devir, estabelece genealogias e tira os filhos de casa. A lista – coleção, série – de nomes, dizer quem é ou não poeta, seja no poema seja na antologia virtual, faz parte desse movimento entre a identificação e a diferença.

Leitores (viajantes): mapa físico, mapa político

No último número da revista argentina *Punto de Vista*, dirigida por Beatriz Sarlo, foi publicado um artigo da crítica e poeta Ana Porrúa chamado "Poesía argentina en la red" (2008). Ali, Porrúa percorre alguns blogs, revistas virtuais e outras em papel, para tentar uma definição preliminar da produção poética atual argentina. Pensando em *Las elecciones afectivas*, Porrúa chama a atenção sobre uma possível diferença entre o *afeto* e a *afinidade*, e as características particulares de um mapa que se desenha com essa tinta:

Não é o mapa da poesia argentina contemporânea, certamente, porque pensar isso seria acreditar que a rede funciona perfeitamente (ou seja, que todos os mencionados aceitam participar); tampouco é uma antologia de autor, guiada por um critério estético concreto. (2008)

Retomando as colocações feitas até aqui, vemos que novamente a acusação de endogamia que se colocara nos debates, segundo a qual o afeto como critério de escolha não faria mais do que gerar um campo poético constituído por amigos, parece limitada. Mas também, como acrescenta Porrúa, "o erro, em todo caso, é ler este projeto apenas como um projeto literário, quando desde suas bases aclara que o método está tomado da sociologia" (2008). Assim, uma concepção restrita do *afeto*, por sua vez aplicada como critério literário, dá lugar a uma discussão também restrita, que contrapõe e compara o grupo de amigos a um projeto bastante mais ambicioso.

Em lugar de assinalar negativamente a amizade e o afeto entre os organizadores e participantes, o que tentamos mostrar é a importância da pergunta pelo significado do sintoma da insistência no critério afetivo. Se o afeto assim entendido não desenha um clube de amigos, que comunidade torna possível? À primeira vista reivindica-se uma identidade nacional, que logo se revela porosa, pois tanto no poema de Domeneck como nas antologias virtuais evidenciam-se os trânsitos entre a poesia feita no Brasil e a feita na Argentina, propiciados por vários contatos, pelas leituras mútuas, pelos projetos e festivais conjuntos, pela vontade de explicitar as escolhas afetivas e estéticas que estão em jogo quando se escreve tomando um café na avenida Rivadavia ou um açaí, andando na rua Paissandu.

Poderíamos dizer, finalmente, que essas antologias virtuais funcionam,[50] sim, como mapas desierarquizados e progressivamente inclusivos, onde os poetas mais díspares podem adquirir visibilidade. Embora sempre correndo o risco de, sendo desierarquizados, não conseguir distinguir as linhas que permitiriam diferenciar um mapa físico de um político. Ou como se, ultrapassado por seu próprio tamanho, acabasse por não ter nenhum tipo de utilidade, como o inútil mapa do império chinês do tamanho do império chinês imaginado por Borges. Como se a desierarquização tendesse a uma indiferenciação ou a uma leitura cega, que não produz sistemas interpretativos, tal como temia De Nápoli. O desenho dessas linhas políticas dependerá, então, de quem percorrer a rede e traçar seu próprio percurso afetivo. A responsabilidade recai, novamente, no leitor do poema, no navegante da antologia virtual, no percurso que ele escolher nesse magma nominal, para recuperar, naquilo que poderia ser indecidível, a potência política da escolha, a capacidade de agir inerente ao afeto, a transitividade do poema, os sentidos dos trânsitos, a comunidade que eles desenham.

3. POÉTICAS DO AFETO: ENDEREÇAMENTO, CITAÇÃO E NOMES PRÓPRIOS

Como dito no capítulo anterior, algumas coleções e as publicações que estão ao seu redor materializam um *modo convivial de ler, escrever e produzir poesia*, com todas as suas tensões. Mas, para além das tramas da edição analisadas, é necessário observar como esse modo convivial funciona ainda como matriz de escrita poética.

No caso da "Moby Dick", por exemplo, além da coleção e sua circulação, são os textos de livros como *Encontro às cegas*, de Marília Garcia, *jet-lag*, de Aníbal Cristobo, *Versos de circunstância*, de Carlito Azevedo, *Ela disse, Ele disse*, de Valeska de Aguirre, os que exibem os encontros como motores da *poiesis*, através de repetições de versos e elementos de poemas que circulam como por contágio de um título a outro da coleção, diluindo a autoria do texto – a um grau tal que pouco importa quem fala como individualidade, e importando muito quem fala enquanto um singular/plural.

Se a afirmação é obrigatória para os textos da "Moby Dick", claramente não se limita a eles, podendo mencionar como textos construídos na matriz dos encontros também *Taiga no Rio de Janeiro* e *36 movimientos hasta*, de Andi Nachon, assim como *Monodrama*, de Carlito Azevedo, vários dos textos de Ricardo Domeneck ou de Cecilia Pavón.

Se um procedimento textual pode ser observado de forma bastante generalizada nestes poetas é o de *apresentar o próprio texto como deformado por diferentes vozes* (vozes, às vezes, muito próximas, que estão no livro do lado) tal como se tenta materializar através da utilização profusa de itálicos, caixas de diálogo, aspas, signos de interrogação, pronomes demonstrativos – todos marcas linguísticas que colocam em questão uma concepção referencial da linguagem e obliteram a possibilidade de encontrar uma voz própria e autorizada para a enunciação. As marcas mostram que o próprio nessa voz que se ouve é sua impropriedade, num processo crítico, tenso e difícil para o sujeito, tal como víamos no poema "Vozes do 23...". Vemos, nesse sentido, um trabalho com a linguagem para que ela mesma se apresente enquanto *pegada*, marca, resto, vestígio dos encontros com poetas/poemas.

Além desses recursos linguísticos que evidenciam a presença do *outro*, outros elementos aparecem com intensidade, e se tornam o estopim dos debates: os *nomes próprios*. De lugares, de textos e de pessoas que referem – de forma velada ou não – momentos concretos da vida literária. Esse fato solicita não uma leitura que procure debelar os eventos biográficos compartilhados e referidos – como se o "real" ou a "vida" fossem o sentido último e verdadeiro do texto –, mas *uma leitura que seja capaz de ver as marcas das aberturas do texto ao seu fora*, dado que se apresenta como afetado por diversas forças, textuais ou não, apagando no final das contas essa fronteira.

Dessa forma são textos que modulam diferentes modos da *citação*, que não deixa de ser uma reescrita, trabalho que, sem respeitar o tempo cronológico nem a lógica causal, testemunha tanto o impacto das outras vozes quanto o trabalho feito sobre elas, o poder de afetar e ser afetadas que elas carregam; e, ainda, falam de uma projeção – um *endereçamento* do próprio texto – que aponta e solicita a continuidade desse trabalho. Continuidade, porém, que mostra os seus impasses quando o outro é identificado.

Entre esses textos, entre as singularidades de uma comunidade que vai se (de)formando nos encontros – que se perde e se recupera na biblioteca, como diz Silvio Mattoni (2008) –, importa-me aqui tomar os trabalhos de Aníbal Cristobo e Marília Garcia. Um pouco por se tratar de um argentino e uma brasileira que, no entanto, deslocam os pertencimentos e os estereótipos nacionais ou locais. Mas também porque cada um deles modula formas diferentes de serem *afetados* – da citação e do endereçamento

– e ainda porque os contatos entre eles – sejam biográficos ou estéticos – são particularmente levados para os seus trabalhos. Ambos mostram de forma unânime uma escrita que não segue uma lógica causal ou de influências unidirecionais, uma escrita cuja autoria se dispersa na rede de afetos mesmo que ainda ampare o nome dos poetas.

Aníbal Cristobo: escrever a leitura (I)

Poderíamos dizer que a trajetória poética visível de Aníbal Cristobo – que nasceu em Buenos Aires e hoje mora em Barcelona – se inicia no Rio de Janeiro,[51] onde viveu entre 1996 e 2002. Um pouco porque aí edita seu primeiro livro de poemas, *Teste da iguana*, pela 7Letras, em 1997, e outro pouco porque durante essa estadia travou contato com grande quantidade de poetas e editores, participando de forma ativa da revitalização do campo da poesia carioca como poeta no sentido abrangente que apontamos até aqui: formando parte dos conselhos editoriais – da revista *Inimigo Rumor*, da coleção "ás de colete" –, e contribuindo a trazer para o meio carioca e suas publicações a novíssima poesia argentina e vice-versa. Ao seu primeiro livro seguiram: *jet-lag* (Moby Dick, 2002), escrito na época em que o autor se mudava para Barcelona, prévia passagem por várias cidades que, como esta última, são mencionadas nos títulos dos poemas: Buenos Aires, Rio de Janeiro, Lisboa. Nesse mesmo ano publicou, em Buenos Aires, *Krill* (Tsé-Tsé, 2002), que em 2004 foi editado no Rio, agora traduzido pela 7Letras. Finalmente, em 2005 publica na coleção "ás de colete" seu *Miniaturas kinéticas*, que reúne os três livros anteriores em uma edição bilíngue que, curiosamente, não leva o esclarecimento do nome do tradutor, embora saibamos que, sendo a maioria dos seus poemas originalmente escritos em espanhol, Aníbal participa da própria tradução muitas vezes realizada pelos seus poetas/amigos, como Carlito Azevedo e Marília Garcia, segundo se diz na introdução.

Pois bem, se menciono aqui estes momentos biográfico/bibliográficos de Cristobo é porque eles permitem problematizar uma particularidade da sua poética: a exploração dos trânsitos. Trânsitos que se mostram tanto nos próprios movimentos geográficos, como na circulação por diferentes suportes, nas mudanças tateantes entre línguas – espanhol, português, catalão, inglês, alemão. E trânsitos que rodeiam o principal, aquele que vai de uma leitura e de uma escrita a outra. Aníbal Cristobo é, em primeiro lugar, um leitor disposto a ser afetado e ávido por continuar esse movimento, seja na sua escrita poética, seja nos seus projetos editoriais, mostrando-se na esteira do que José Luis Brea caracterizara como um tipo de artista que investe não na tradição da originalidade, mas na figura do articulador, do administrador de encontros, do artista enquanto – como entenderia Nicolas Bourriaud – pós-produtor.

Na sua poesia, então, podem ser apontadas duas características principais que vão nesse sentido: seus poemas explicitam diálogos, falas e cacos de falas incrustados, mostrando-se como perlaborações de outros textos, de outros discursos. Ou seja, não se trata de uma mera elaboração ou uma intertextualidade entendida como estrutura fixa, de uma citação que mantenha intocado o discurso do outro como uma relíquia, pelo contrário, se trata de um trabalho profanador de memória falha:

> Quem rememora, ainda *quer* demais. Quer se apoderar do passado, atrapar o ido, dominar, exibir o crime inicial (...). Diferentemente da rememoração, a perlaboração se definiria como um trabalho sem fim e portanto sem vontade, sem fim no sentido de que não é guiado pelo conceito de uma meta, mas não sem finalidade. Nesse gesto em direção ao antes e ao

depois, reside sem dúvida a concepção mais pertinente que podemos ter da reescrita. (LYOTARD, 1998, pp. 38-39)

Esta concepção de reescrita, como recuperação e trabalho sobre os discursos que se encontram ao seu redor, talvez seja a característica mais definida que atravessa a produção de Cristobo. Tal como pode ser visto a partir de seus livros, mais especificamente, em *Miniaturas kinéticas*. São curiosas ali tanto a nota introdutória quanto uma série de notas finais sobre alguns dos poemas que compõem *Krill*, o último dos livros compilados. Na introdução, Cristobo diz que, no tempo transcorrido entre a escrita do primeiro poema e esse ano de 2004, sua poesia pode não ter *evoluído* ou *melhorado*. "O que ela fez, assim como eu, foi acumular dívidas literárias e de gratidão." (2005, p. 7) Para "sanar" o exagero dessas dívidas, Cristobo vai lembrar e explicitar três anedotas que envolvem amigos, que recomendaram a leitura de tal ou qual poema, ou de tal ou qual livro, e que acabaram sendo marcantes da escrita de *Krill* e da sua própria vida literária.

Ao meu chamado de atenção para esta introdução "agradecida", poderia se objetar que os agradecimentos e as dedicatórias são uma prática bastante comum na publicação de poesia. Mas aqui, entendo, eles se apresentam como algo fundamental, ainda mais porque se complementam com as notas do final do livro, onde se confessam as autorias compartilhadas, os "roubos", e os "remixes" – versões ou traduções livres de poemas. Ele os chama de *poemas alheios*, entre eles, "O urso" seria na verdade uma versão de "The bear", de Ted Hughes, assim como "Distâncias incomensuráveis" o seria de um poema de Lu Menezes. Outros são *poemas duplos*, escritos em colaboração. E *poemas outros* dos quais se menciona a fonte que os provocou, sempre a leitura de outros poemas.

Desse modo a característica *relacional* ou *transitiva* e *afetiva* da poesia se faz explícita desde a primeira página de *Miniaturas kinéticas* e, no decorrer, se espalha como procedimento de escrita. Uma das anedotas mencionadas na introdução comenta a indicação que Armando Freitas Filho lhe faz para a leitura de "O cacto" de Manuel Bandeira e, como o próprio Cristobo indica, retorna nos seus "Single Cacto", "Single Cacto II" e "Cacto para Armando Freitas Filho", onde se misturam as vozes e dicções dos três poetas – Bandeira, Armando e Aníbal –, seus diálogos, suas estratégias, suas línguas, criando uma série que tanto estipula continuidades quanto diferenças. Um cacto que

mostra no discurso a dificuldade do viver junto, de procurar
o contato, apesar dos espinhos – como na fábula dos porcos-
espinhos de Schopenhauer:

SINGLE CACTO

Um traço aqui, com
sua definição
do vazio incessante: este cacto
é uma nova imagem
onde esgotar as forças

e seu corpo não volta a nós;
(...)

Os cactos adormecem na espera, na
voz da lembrança. Não abandonam
seu sítio:
vão inquietar
vão chegar assim até nosso repouso

"O cacto é essa matéria fútil, espelhada
no árido do dia, quase
intratável?" É.
(...)

Endereçamento: para o outro, meu amigo (I)

Toda reescrita encerra uma vontade relacional. De certa forma é uma resposta ao imperativo comunitário, já que coloca em pauta e questão as identidades fixas de original e cópia, de eu e outro. E encena a intenção de continuidade dessa força relacional, de travessia. Cristobo imprime nas suas reescritas uma clara intenção de endereçamento. Porém o destinátario oscila entre outro anônimo, e um outro identificado por nomes próprios.

Para pensar essa característica da poesia de Cristobo, desviemos por outro dos seus projetos: no dia 1º de janeiro, começa a desenvolver um blog pessoal, chamado *Kriller 2008. Yo debería estar haciendo otra cosa* (2008), que consiste em escrever, durante o ano todo, uma entrada diária, de diferentes extensões, formatos e temas, de letras de músicas, comentários sobre futebol a poemas próprios e alheios. Certamente, o blog de Cristobo é um "blog pessoal", porém parece não responder às características mais apontadas pela crítica para esse tipo de formato.

Na introdução ao livro *Blogs.com: estudos sobre blogs e comunicação* (2009), as autoras Adriana Amaral, Raquel Recuero e Sandra Montardo mapeiam os estudos acadêmicos realizados sobre o tema. Chamam a atenção algumas grandes áreas em foco: por um lado, o papel jornalístico "revolucionário" da circulação de informação nos blogs; por outro, a construção que neles se dá de um palco político, de lutas e reivindicações; e, por último, a configuração desses espaços como uma nova forma de explorar as escritas íntimas. Neste último tipo de estudos, podemos localizar *Blog: comunicação e escrita íntima na internet*, de Denise Schittine, que traz como uma das principais hipóteses a de que "o blog é uma adaptação virtual de um refúgio que o indivíduo já havia criado anteriormente para aumentar o seu espaço privado: o 'diário íntimo'" (2004, p. 60), agora submetido ao regime exibitivo próprio da sociedade do espetáculo.

No entanto, o blog de Cristobo mostra um eu/sujeito da enunciação a contrapelo dessa "exibição do eu" para, justamente, ver como esse eu – essa intimidade que mostra a sua publicidade, como assinala Schittine –, embora convoque cenas da intimidade e remeta à escrita íntima, não é o objetivo da aventura da escrita. Tampouco seria útil, certamente, negar de vez a operatividade da questão, dado que ela está implicada em um complexo processo de subjetivação, ponteado pela tensão entre o desejo de individuação e o de se colocar em comunidade, entre o ser e a rede. Processo que leva ao que José Luis Brea coloca como o aparecimento de um *novo modo do ser sujeito* muito mais ligado à ideia de um sujeito *comum* do que a um eu exibicionista, mesmo que ele seja problematizado. Nem o "eu sou um outro" rimbaudiano; nem a "hipertrofia do *eu* até o paroxismo" da atmosfera contemporânea (SIBILIA, 2008, p. 8); nem sequer "o outro que eu sou" que se apresenta nas escritas de si que se autoproblematizam.[52] Mas o eu aparecendo somente no risco de desaparecer no contato, no roçar de mãos, com o outro.

O eu do blog de Cristobo insiste em se mostrar para se questionar, em enunciar-se para se diluir por entre os discursos dos outros que são convocados, através da citação afetiva. De fato, podemos constatar uma profusão de citações de amizade – "mi compadre Carlito", "mi amigo Mané de Lima", "mi querida Lígia" – percorrendo toda a produção de Cristobo. No blog, cada uma das entradas está motivada por uma relação aparentemente aleatória de referências, mas na qual sempre podemos identificar mais de um amigo envolvido numa cadeia de lembranças e esquecimentos que deságuam no texto escolhido para publicar.

Talvez uma situação particular possa ilustrar de forma privilegiada o que estamos apontando: Cristobo escreve a entrada do dia 24 de novembro totalmente em português, abandonando o espanhol habitual do blog, sob o título "Despedida do monge". Trata-se da notícia, e ao mesmo tempo a homenagem, pelo falecimento do poeta/amigo carioca Leonardo Martinelli. O português – portunhol – justifica sua presença, também, desde o afetivo:

> Agora acabo de saber que não tem mais ele. Gostava, eu disse, desse seu jeito sacana: ele tirava sarro de mim, do meu portunhol – que é a língua com que me despeço dele agora – da minha inventada "pesquisa sobre a poesia brasileira", do meu River Plate (isso aí já é covardia, Leo!) e de tudo quando podia: mas sempre foi muito respeituoso da minha poesia, eita bobagem.

E a poesia se faz presente no mesmo tom:

> Por minha vez, eu vou continuar escrevendo essas bobagens que procuravam ser engraçadas e que, com meu péssimo senso do humor, acabam por me deixar imensamente triste, como essa aqui: "Ventilador para Leo Martinelli."

O poema formava parte de uma série de cerca de quinze bem-humorados poemas escritos por Cristobo, chamada extraoficialmente de "Brazilian groove", da qual apareceram vários na *Inimigo Rumor* n° 19, e em cujos títulos aparece, sempre, um nome próprio, de um amigo. São todos poemas "para" alguém. "Ventilador para Leo Martinelli", "Conversa telefônica para Carlito Azevedo", ou "Nouvelle vague para Marília Garcia", estruturando-se como um cartão de presente. Originalmente escritos em espanhol, como quase todos os poemas de Cristobo, ali foram traduzidos, segundo consigna a própria revista, por A.A.F.A.C. (Associação de Amigos e Fãs de Aníbal Cristobo). Muitos dos quais, acreditamos, são aqueles mesmos amigos para quem os poemas foram endereçados. Então, como seria possível ainda deslindar, nesse dia 24, as duas línguas, as leituras, as escritas, os sujeitos dessa comunidade para acompanhar forças unidirecionais? Ainda, se fosse possível achar influências, origens, procedências, não se perderia alguma coisa de essencial da proposta?

Porém, resta o problema: como ler esses nomes próprios? Lembremos das colocações de Silviano Santiago, no seu artigo "Singular e anônimo": "A linguagem poética existe em estado de contínua travessia para o Outro." (2002, p. 53) Um Outro singular e anônimo, tal como o leitor Zero apelado por Cristobo na primeira entrada do blog. Ainda, segundo Santiago, o caráter transitivo como possibilidade de todo poema deve ser explorado pelo leitor, em uma atitude não autoritária, que não feche os significados. No entanto, sabemos que o nome próprio tem por função identificar um indivíduo, e não outro: um indivíduo que, ainda, nos casos do blog ou da revista de poesia, forma parte de um grupo mais ou menos delineado, embora não fechado. Poderíamos, como o faz Silviano Santiago ao ler a poesia de Ana Cristina Cesar, exigir do leitor que não se fixe nos dados biográficos por ela colocados, que faça um esforço mobilizador, para que, por sobre a marca identificatória do nome próprio, possa torná-lo ainda singular e anônimo, possa reorganizá-lo na comunidade que faz com muitos outros nomes próprios, nomes outros.[53]

No caso destes poemas dedicados de Aníbal Cristobo, o problema não parece ser resolvido. E na explicitação destes nomes se fundam as acusações de endogamia ou de formação de panelinha, que foram apontadas no capítulo anterior. Assim, se todo poema é uma garrafa jogada ao mar, como diz Paul Celan, vemos que, por um lado, o mar não é infinito e nem todos são pescadores, e ainda que a garrafa pode ter um nome e um endereço certo: o de um amigo. Seria possível autorizar a nossa leitura, desautorizando o remetente e o destinatário ali inscritos? Nossa leitura será sempre clandestina e de *voyeur*? Como participar dessa relação entre amigos?

Historicamente, como mostra Anne Vincent-Buffault em *Da amizade. Uma história do exercício da amizade nos séculos XVIII e XIX*, a amizade é uma prática que se modula em diferentes escritos, determinados não apenas pela forma em que a relação amistosa se exerce em cada época, mas por uma série de configurações sociais que tem a ver com gêneros literários, gêneros sexuais e contexto sócio-histórico geral. A amizade seria para ela, na esteira das *práticas de si* estudadas por Foucault (1984), uma prática do *entre si*: e, portanto, marca de uma ação sobre o comportamento, um princípio ativo e eletivo que *performa* uma ética. A amizade é, desse modo e em certo sentido, acessória; e o seu exercício "forma e transforma: praticando-o, elaboram-se tanto o si mesmo quanto o entre-si" (VINCENT-BUFFAULT, 1996, p. 9). A amizade se apresenta como um processo – Blanchot diz que nunca sabemos quando começa uma amizade – no qual ao mesmo tempo a identidade se forma e deforma permanentemente na sua relação com o outro, nenhuma está dada previamente.[54]

Aproximamo-nos assim da reflexão sobre a *amizade* que floresceu junto da recolocação do problema epistemológico da *comunidade* já comentada. De fato, autores como Bataille, Foucault, Derrida, Jean-Luc Nancy, Blanchot e Agamben dedicaram textos ao tema da amizade, guiados pela mesma preocupação: pensar a amizade na sua potência desidentificadora, e não como uma relação especular, entre iguais. Por exemplo, na entrevista "De la amistad como modo de vida" [Da amizade como modo de vida] (1981), Michel Foucault reflete sobre a homossexualidade como um tipo de relação entre pessoas para além das relações institucionais, a família, a profissão ou a camaradagem forçosa. A partir daí, então, a questão carrega a reflexão sobre a amizade: esta seria um tipo de relação *perturbadora*, como o *afeto* em termos de Spinoza, que poderia propiciar linhas de conduta *inesperadas*. Uma ideia de amizade não falocêntrica, como queria Derrida. Daqui que a amizade seja pouco estimulada pela sociedade contemporânea, colocando no seu lugar relações intersubjetivas especulares, simétricas e previsíveis, coniventes com uma organização hierárquica e controladora.

> Mas que os indivíduos comecem a amar-se, isso sim
> é um problema. Toma-se a instituição a contrapelo;
> com intensidades afetivas que a atravessam, e ao
> mesmo tempo lhe dão coesão e a perturbam (...).
> Os códigos institucionais não podem validar essas
> relações e intensidades múltiplas, de cores variáveis,
> movimentos imperceptíveis, formas cambiantes. Essas relações que provocam curtos-circuitos e introduzem o amor ali onde deveria estar a lei, a regra ou
> o costume. (FOUCAULT, 2004)

Foucault adverte desse modo sobre os perigos de entender a "comunidade de amigos" como uma comunidade de iguais, institucionalizada e regulamentada, e não como um compartilhamento de um modo de vida, de uma forma de se colocar no mundo e de se relacionar com o *outro*. Não um *outro* definido previamente, mas como o outro aparecido no processo de encontro com o *mesmo*, que também passa a ser pensado de forma aberta.

Nos textos de Aníbal Cristobo – assim como nos de Marília Garcia, Andi Nachon, Roberta Iannamico, Lucía Bianco, nos de Carlito Azevedo, ou ainda nos de Marcos Siscar – o sujeito que está em jogo é um crivado na tensão entre o eu e a comunidade; um sujeito que não sabe se manter em uma única pessoa gramatical; todas elas – eu, tu, ele, você e seus plurais – encontram seus limites apagados, obliquamente referenciadas na articulação dos poemas. Sem, no entanto, outorgar uma ideia aprazível de comunhão: a igualdade é um risco.

UMA BALEIA BRANCA (DESEMBARQUE)

Igual são seus objetos
conhecidos, igual
é uma baleia branca, é

você sentado entre as rochas
igual são seus amigos – você
pensa: o dia
foi embora, as cores, qualquer
coisa que viu torna-se irrepetível
se agora
"não era bem aquilo"; e

sempre

o que deseja ser,
o que anda no aberto, igual

permanece no
corpo; vive
fora do corpo.

De forma similar a Foucault, Blanchot entende a amizade como uma "separação fundamental a partir da qual o que separa se transforma em relação" (2007, p. 266), ou seja, onde o outro se encontra com o mesmo transformando-o. Nesse sentido também se encaminham as reflexões de Giorgio Agamben em torno da amizade, relação na qual o sujeito tende a desaparecer: "Não há aqui nenhuma intersubjetividade – esta quimera dos modernos", pelo contrário, *"a amizade é a instância desse com-sentimento da existência do amigo no sentimento da existência própria* (...). O amigo é, por isso, um outro si" (AGAMBEN, 2009, p. 89), ao mesmo tempo eu, o outro e a diluição dessa fronteira.

> A categoria de sujeito vacila e perde consistência; mas se trata, para ser preciso, não de um cancelamento ou de uma superação, mas de uma disseminação que leva ao extremo o aspecto de mascaramento que sempre acompanhou toda identidade pessoal.
> (Idem, Ibidem, pp. 41-42)

Então uma leitura não autoritária e mobilizadora da amizade e da comunidade se relaciona com o risco de disseminação ou desaparição das identidades, como sendo relações que só se mostram no seu desaparecer (NANCY, 2000; BLANCHOT, 2005 e 2007). Porém, na série que Cristobo escreve para os seus amigos e que eles por sua vez traduzem e editam há, aparentemente e de forma contrária, uma forte *aparição*, uma inscrição marcada da relação de amizade. Só que, ao mesmo tempo, na forma de organizar e escrever os poemas se abrem permanentemente relações inesperadas, como queria Foucault. Para continuar com o exemplo de "Ventilador para Leo Martinelli":

> Mas que fique claro que
> te dou este presente apenas
> para que aguentes outro verão no Rio
> de Janeiro, quer dizer,
>
> nem penses em usá-lo para andar
> perseguindo os dedos de ninguém, melhor
>
> será guardá-lo numa dessas garagens onde
> se empilham colchões e teus cadernos e algum
> amplificador e certamente
> tu mesmo: além disso, imagino

que como todos os músicos que dormem
até tarde, sintas
calor, e como todos os

poetas que leem Walace
Stevens, calor, e como

todos os professores universitários que tramam
enredos com suas alunas, calor. Eu comprei
de pé – o ventilador, e eu
também –, porque além disso – dado o generoso
da escassez de tua
estatura – pensei

que poderia te fazer companhia; ser, se for
o caso, um espectador refrescante de teu
sonho, ou ser
também
um pensativo ouvinte de tuas resenhas ou teus
novos
poemas, e inclusive, num momento
qualquer de fúria, ser teu
sparring, dependendo do caso, como
eu disse.[55]

Nada no tom deste poema é "especificamente" poético, nada remete a uma virtual pureza da poesia. Pelo contrário, ele parece mais uma carta íntima, uma piada entre amigos, hermética, ou um discurso *qualquer*. Porém, o nome próprio e as referências biográficas mais do que tornar o poema outra coisa são o que o tornam ele mesmo, sem fantasias de especificidade: nome próprio e dados biográficos se mostram como marcas da heterogeneidade, desse ser outro de si mesmo do poema. Como interpretara Silviano Santiago em relação à poesia marginal:

> Esvaziar o discurso poético da sua especificidade, liberá-lo do seu componente elevado e atemporal, desprezando os jogos clássicos da ambiguidade que o diferenciava dos outros discursos (...) corresponde ao gesto metodológico de apreender o poema no que ele apresenta de mais efêmero. (2004, p. 138)

Esvaziado de toda especificidade, o poema de Cristobo é um *cartão de presente*, "te lo regalo", que dialoga com o título do livro de Martinelli, *Dedo no ventilador* (Bem-te-vi, 2005), e com seus dados biográficos embora estendidos a um *todos*: "como todos os músicos que...", "como todos os poetas que...", "como todos os professores universitário que...", como qualquer um que vive no Rio de Janeiro: sente calor. O poema *para Leo Martinelli*, sem deixar de lhe pertencer, é, ao mesmo tempo, e por ter sido esvaziado de toda transcendentalidade, para qualquer um.

A menção ao amigo no poema marca, então, um impasse – impasse que mostra a sua relação crítica com o seu tempo e consigo mesmo. O nome próprio colocado no título realiza um movimento duplo ("o poema não foi feito para você/ mas seu nome cabe nele tão perfeito"):[56] funciona, por um lado, como uma incrustação do não poético, e mostrando como o poema é afetado e impressionado pelo seu fora – que ao deixar a sua marca se torna também dentro, explicitando a sua heterogeneidade. E, por outro, fecha a relação do remetente e o destinatário, num circuito onde a amizade se torna exclusiva, o endereçamento tem um destinatário certo, e onde o leitor convocado é afastado, um uso do nome do amigo que mostra que o poema não diz nada que interesse a ninguém, apenas serve para atualizar a presença/ausência do amigo,[57] fazendo jus à frase de Maurice Blanchot. A amizade

... passa pelo reconhecimento da estranheza comum que não nos permite falar de nossos amigos, apenas falar-lhes, não fazer deles um tema de conversação (ou de artigos), mas o movimento segundo o qual, falando-nos, reservam, inclusive na maior familiaridade, a distância infinita, essa separação fundamental a partir da qual o que se separa se converte numa relação. (2007, p. 266)

Marília Garcia: escrever a leitura (II)

O blog *Yo debería estar haciendo otra cosa* insiste, como vemos, em aproximar a figura do escritor público e seu entorno de artistas à intimidade de um homem qualquer e seu entorno de amigos, e mostra uma interessante modulação entre os dias 23 de agosto e 4 de setembro. Nesse período, Cristobo tira férias, mas convida alguns amigos para tomar a voz autoral no blog/diário durante a sua ausência. O curioso das postagens dos diaristas convidados – poemas, traduções, fotografias, vídeos – é que não cessam de se revelar como leituras dos textos do *dono da casa*, trazendo insistentemente a figura dele de volta, mostrando que quem fala agora é, antes que autor, leitor; ou melhor, que a ideia de autor e leitor tradicional está sendo ressignificada.

Dessa forma o blog explicita a complexidade da relação que se trava na *escrita da leitura* – e que atravessa toda a escrita de Cristobo – como aquele gesto penetrado pelo desejo, que abre o próprio corpo ao outro, pervertendo uma lógica causal ou originária, tal como Barthes o definira longamente.[58] Mas, ao mesmo tempo, permite colocar em questão a ideia de leitor que Barthes destacava face à morte do autor. Para ele, lembremos, o leitor que nasce é um leitor "sem história, sem biografia, sem psicologia", onde todas as citações e todos os fios da escrita se mantêm vivos e operantes (2004, p. 64), definição muito próxima à do próprio Aníbal Cristobo que fala de um "alguém" ou "leitor Zero", para quem se endereçaria o projeto, ou ainda, à de Silviano Santiago que pensa no leitor como um *singular e anônimo*, destinatário da linguagem poética que ainda propiciaria a continuação de sua permanente "travessia para o outro". Porém, é evidente que, no momento em que se convocam *leitores com nome e sobrenome e que a leitura se torna – efetivamente, materialmente – escrita, esse anonimato é questionado* e o leitor passa a ter *uma* história, *uma* biografia, *uma* psicologia, mesmo que ela se apresente erodida, não plena e feita de relações. O leitor, nessas duas semanas do blog, mostra o nome e o rosto individual de cada convidado, e ao mesmo tempo traz o próprio Cristobo – íntimo espectro, íntima leitura – incansavelmente.

Partindo desse gesto complexo, de investimento na escrita coletiva ou relacional e de restituição das singularidades, de aproximação problemática do projeto cultural e do projeto amical ou familiar, podemos dizer que a poesia contemporânea já produz não obras em um sentido clássico, mas roteiros ou percursos de escrita e leitura formados e deformados – ou seja, afetados – pelos mesmos encontros que propõe. Constroem-se reticularmente e, para observá-los, me interessa puxar um dos fios, o de uma das leitoras/autoras das férias de Aníbal: no dia 31 de agosto, a entrada da convidada Marília Garcia consiste em um vídeo, "Açaí ou cine Paissandu para Aníbal Cristobo",[59] cujo título claramente responde e se destina ao *Brazilian groove*, de Cristobo, de quem Garcia tinha recebido uma "Nouvelle vague para Marília Garcia".

Vejamos o vídeo: sobre um sóbrio fundo preto vão aparecendo, uma a uma, acompanhando o ritmo da digitação, as letras do título: "CINE PAISSANDU PARA ANÍBAL CRISTOBO" (embora o título que apareça na página web seja o duplo: "Açaí ou cine Paissandu..."). Em seguida, e em uma nova tela, também preta: "(ou não era bem isso, mas algo parecido o que eu queria te dizer)". A seguir, porém, não se *diz* nada: a imagem é um plano que vai se fechando, vagarosamente e de forma oblíqua, sobre um detalhe de um mapa. Sabemos que é um mapa rodoviário pela presença de todos os elementos gráficos característicos: linhas de diferentes cores e grossuras, nomes em diferentes tamanhos – embora nomes de "lugares" desconhecidos –, números indicadores de distâncias em quilômetros etc. Mas o suporte do mapa é diferente, em lugar de se tratar de um plano, uma folha de papel ou qualquer outro material liso, é evidente que o ponto que marca as cidades principais está afundado numa superfície mole: o mapa está impresso ou pintado sobre um colchão, assim, embora não haja explicitação, sabemos que se trata de um detalhe das conhecidas instalações do artista plástico argentino Guillermo Kuitca.

Em seguida, aparece novamente a tela preta e as letras sendo digitadas, como se a imagem do mapa tivesse interrompido a escrita e agora ela retornasse: "como era mesmo aquela canção? (*das ist ein lied*)." Neste ponto começam a trilha sonora – de andamento rápido e com uma voz feminina em primeiro plano – e o *travelling* de uma câmera subjetiva, que constituirá o fluxo central do filme, que ao mesmo tempo registra e performa uma caminhada, mimetizando o transeunte e seu olhar: a imagem nunca se estabiliza e acompanha o ritmo e os tremores do andar parecendo um plano-sequência, ainda que se operem cortes quase imperceptíveis na edição, e se alterem as velocidades da projeção. Segundos depois do início do passeio, a sequência se interrompe para mostrar um plano fixo, de uma mão desenhando com caneta preta sobre um mapa de papel, um percurso circular, que começa e termina no mesmo ponto. Retoma-se o *travelling* da câmera subjetiva, e vão aparecendo o chão das calçadas, árvores, pessoas anônimas, latas de lixo, carros, cachorros, bicicletas. A câmera faz foco em um sinal de trânsito, vermelho para o pedestre, e performa a detenção solicitada pelo sinal. Quando ele abre, retomam-se o movimento e a oscilação do foco.

Uma nova interrupção dá lugar a outra tela preta e letras brancas; lê-se: "notas. 2002, jet lag. 2003, victoria station. 2004, krill (apenas um mergulho dizia a imagem). 2005, estacion clot. (mientras seguia para lima)." Novamente retoma-se a sequência no ponto deixado: o trajeto continua até que o andamento se detém para focar, no alto, um cartaz de um estabelecimento comercial, em que se lê "Tacacá do Norte", e gira, descendo, para "entrar" no local. Aparece um balcão, pessoas sentadas, um painel luminoso com preços de comidas típicas do Nordeste. Outra placa interrompe: "2006, schiphol airport. 2007, céu do siamês. (o envelope dizia airbag uni 21 e vinha da catalunya) 2008, açaí."

Continua o filme: a mão de um atendente apoia uma tigela de açaí e um recipiente com granola frente à câmera, que começa a "comer", reforçando a evidente presença de um sujeito por fora da representação, em uma relação de dependência mútua que já se percebia no "andar" da câmera. Quando a tigela está pela metade, a imagem se torna colorida, chamando a atenção para a deliberação do recurso anterior, tornando a relação com o real mais complexa e intermitente; quando a tigela aparece vazia, ou seja, quando o açaí desaparece, o filme volta ao preto e branco. A câmera volta para a rua, foca apenas o chão: a pedra portuguesa se sucede em ondas, rapidamente, criando um efeito ótico de perda da noção de velocidade e, portanto, das distâncias. Nova tela preta diz: "(e você, em língua sulfur: quer ver outra vez os flamingos, o brilho do deserto?)" De volta à caminhada, a câmera registra novamente aquilo situado à altura dos olhos ou na linha do horizonte, sempre próximo, urbano. Foca na marquise do hotel Paysandu, logo depois na placa da rua Senador Vergueiro. A câmera continua avançando entre os transeuntes e levanta-se até o conhecido céu de palmeiras da rua Paissandu. O quadro volta à altura média, deita, volta. Acaba o filme com uma última placa, de créditos: "música: regina spektor. sexta feira, 29 de agosto de 2008."

A longa descrição do vídeo se justifica porque nele se tornam muito evidentes características constitutivas de todo o trabalho de Marília Garcia, mas que podem iluminar o trabalho da arte contemporânea de forma geral: a obra – o poema, o vídeo – se apresenta como um percurso, em andamento. Nesse percurso, por um lado, a constituição do sujeito e a do território que vê e percorre são simultâneas, colocando em pauta e questão a ideia de representação, através da apelação a cartografias inúteis. E também esse percurso é *pontuado*, formado e deformado, interrompido ou continuado, acelerado ou retardado, enfim, constituído, pelo que chamarei de *citações afetivas*: abrangendo lembranças, fragmentos de outros discursos, falas ou objetos que se apresentam à percepção e são perlaborados.[60] O trabalho de Marília Garcia, e grande parte da rede que o circunda, apresenta uma cena de produção antes de mais nada relacional, que assume a perda dos próprios limites do sujeito através de movimentos sutis de abertura ao outro, tão sutis que podem chegar a ser vistos como contatos com o mesmo, no perigo constitutivo da indiferenciação que mora na ideia de contágio.

Poderíamos começar, então, nosso passeio pelas redes vislumbradas no vídeo através das frases que vêm interromper afetivamente o curso do percurso, estabelecendo pequenas crises e abrindo a própria obra e voz ao outro, já que são citações ou paráfrases de poemas de Aníbal Cristobo. Mas esse seria um dado, além de óbvio (já que Aníbal é uma presença desvelada desde o título), que poderia estimular uma lógica detetivesca, quando, na verdade, conhecer a "origem" das citações pouco teria para nos dizer. Ou diria, apenas, que não têm *uma* origem, que não representam nada de fixo, anterior ou estável.

Preferimos entrar na cartografia de Garcia pelo apontamento da falha de toda representação. Já desde o título duplo, a narrativa do vídeo instala-se na tensão produzida pela defasagem constitutiva entre representação e referente ou real (*açaí* ou *cine Paissandu*?, português ou espanhol?). Defasagem na qual, aliás, insistem as citações que vão aparecendo ao longo do percurso: tanto a primeira frase que interrompe o andar "(ou não era bem isso mas algo parecido o que eu queria te dizer)", quanto o estranho mapa que aparece em seguida, ou o texto "como era mesmo aquela canção? (*das ist ein lied*)", desestabilizam a efetividade e a natureza da linguagem, só colocando dúvidas em relação aos gêneros e à possibilidade de comunicar procurada pelo dizer.

Neste sentido, talvez seja a cartografia, o mapa, a escrita que emblematicamente mais se questionam no trabalho de Garcia.

I.
Le pays n'est pas la carte,
pensa bem mas
se tivesse as ruas quadradas
teria ido a outro café, teria dito tudo de
outro modo e visto de
cima a cidade em vez de se
perder toda vez
na saída do metrô. *não é desagradável*
estar aqui, é apenas
demasiado real diz com cílios erguidos
procurando um mapa
(...)

II.
de lá manda longas
cartas descrevendo o país,

> os terremotos e a forma da cidade.
> pode me dizer que nunca se
> espanta mas não percebe que
> caminha perguntando:
> é de plástico a cabine? é sua voz
> na gravação? é um navio no
> horizonte? pode ser apenas
> uma margem de erro mas
> não pensa nisso
> com frequência
> (pode ser apenas a janela
> aberta que carrega os papéis)

Como neste poema, no vídeo para Aníbal o mapa que aparece no começo não localiza fielmente, não guia a lugar nenhum. Entre esse mapa e o roteiro da câmera se interpõe um abismo, costurado apenas por momentos de detenção específicos, como os pontos que afundam o estofo dos mapas de Kuitca. Esses momentos específicos de detenção consistem nas *citações afetivas*, fragmentos de discurso trazidos de outros lugares, aqui incorporados.

Daí que possamos afirmar que a *produção de Marília Garcia se constrói, principalmente, como percursos pontuados por citações afetivas*, encontros que servem para abrir pequenas crises e extravios, mas não para se localizar. No entanto, o extravio nas leituras – acidentes no relevo – é o que deixa rastros de escrita. O extravio mostra um outro roteiro construído de forma titubeante. O mapa perde o seu funcionamento, se torna um espaço branco e liso, sem estrias para percorrer, porém, instantaneamente, o sujeito jogado nesse espaço lhe imprime novos roteiros, novos relevos, novos afetos. Nesse sentido, o trabalho sobre o mapa e o percurso tenta, ao mesmo tempo em que aponta para as falências da cartografia, e sem nostalgias ou operações compensatórias, *traçar novos territórios*, se fazer sentir tornando determinados pontos *importantes, relevantes*.

Nos mapas de Kuitca os elementos que mais explicitamente mostram essa vontade de relevo são os pontos que indicam as cidades, marcas gráficas que ele faz coincidir com os pontos de estofo do colchão.[61] Já no trabalho de Marília Garcia os relevos estariam nos cortes e mudanças do tom ou da dicção, que se apresentam de forma ritmada pela incrustação e mistura de frases "alheias": trechos de linguagem que chamo de *citações afetivas*. Estes não respondem estritamente a uma definição de citação direta, mas de forma ampla àquelas frases que aparecem depois de algum verbo ou signo de pontuação introdutor de discurso – como os verbos *dicendi*, as caixas de diálogo, as aspas, os itálicos ou os dois-pontos – e que *funcionam* como discursos referidos direta ou indiretamente, mesmo que não seja possível – nem interesse já – determinar a sua procedência.

Em "Açaí...", essas citações afetivas seriam aquelas "notas" em letras brancas que só fazem algum tipo de sentido na relação que estabelecem com os textos e a biografia de Aníbal Cristobo. A primeira nota: "como era mesmo aquela canção? (*das ist ein lied*)", aponta para o poema "Lektion I". A segunda, lembremos, "notas. 2002, jet lag. 2003, victoria station. 2004, krill (apenas um mergulho dizia a imagem). 2005, estacion clot. (mientras seguia para lima)", e a seguinte, "2006, schiphol airport. 2007, céu do siamês. (o envelope dizia airbag uni 21 e vinha da catalunya) 2008, açaí", recuperam em um roteiro afetivo as produções onde Marília Garcia e Aníbal Cristobo trabalharam juntos, para incrustá-las dentro do roteiro afetivo do filme, que, demorando-se em lugares familiares (passa pela praça São Salvador, chega ao Tacacá do Norte, toma um açaí e procura um cinema desaparecido pelas ruas Paissandu e Senador Vergueiro), parece ser pontuado pelos encontros afetivos, de aparição ora provocada, ora aleatória. As notas e os lugares levantam de forma evidente diferentes textos ou momentos onde Marília e Aníbal se *encontraram*.[62] Essas efemérides fechadas e só recuperáveis com um mergulho na obra e no contexto biográfico de ambos são dados, no entanto, que ao mesmo tempo que se colam nos sujeitos específicos abrem o texto ou o filme a algo que fica fora, que está ausente, que o mostra inacabado. E são dados abertos, ainda, porque todos mencionam lugares de passagem – estações de metrô, aeroportos, correspondências em trânsito – e se localizam em um roteiro em movimento que também se nega a fechar, a concluir: "Açaí ou cine Paissandu para Aníbal Cristobo" nem completa o trajeto circular pré-traçado no mapa no começo, nem encontra o cinema Paissandu, nem chega até Aníbal. Tudo fica em aberto e ausente, como uma pergunta: "(e você, em língua sulfur: quer ver outra vez os flamingos, o brilho do deserto?)" ou: "Sonha que chega mas foi/ mal: igual/ a uma fita de vídeo velha, as// imagens se repetem e se/ detêm/no hall do aeroporto..." (CRISTOBO, 2005, p. 64). Essas citações não interessam pelo que dizem, mas pelo fato de se fazerem presentes, em nome da ausência do outro que só se vislumbra como fantasma, no seu desaparecer, e ao mesmo tempo apontam para esse corpo afetado como promessa, como inacabado e mobilizado. São afetivas porque formam e deformam tanto o roteiro quanto os sujeitos envolvidos – o eu e o outro

– ao confrontá-los, ao forçar os encontros, com coisas, lugares ou pessoas que vulneram toda estabilidade identitária.

Como toda citação, elas indicam, antes de mais nada, um *trabalho* de deslocamento, uma práxis, como aponta Antoine Compagnon: "A citação não tem sentido em si, porque ela só se realiza em um trabalho, que a desloca e a faz agir" (1996, p. 47), produzindo encontros que antes de mais nada vêm testemunhar a heterogeneidade e a questionar, de dentro, a existência da voz própria. As citações, desse modo, performam o risco da dissolução do sujeito assumido na comunidade, tornando imanente e iminente o heterogêneo. Como aponta Willy Thayer, *citando* Benjamin:

> Ao mudar o contexto de intencionalidade a citação diz o que jamais poderia ter dito no contexto de intencionalidade do qual provinha. Neste sentido *a citação faz sofrer o que se tem por próprio* (...). As citações – diz Walter Benjamin – são como atracadores à espreita na rua, que com armas assaltam o viajante e lhe arrebatam o juízo e as convicções. Hospedam o outro no mesmo. (THAYER, 2007, p. 259)[63]

Endereçamento: para o outro, meu amigo (II)

A princípio e explicitamente, "Açaí..." se endereça a Aníbal Cristobo e o torna presente. Presente porque nele está *incorporado* pelas citações afetivas; presente porque toda escrita constrói/escreve seu próprio destinatário. Se os títulos dos poemas dedicados de Cristobo para os seus amigos podem ser considerados ao mesmo tempo cartões de presente e presente, o vídeo também o é. Mas uns e outros são presentes de areia, presentes apenas *na sua ausência*: tal como o fazem a tigela de açaí e o cine Paissandu, que (des)aparecem na hora em que são "entregues" para Aníbal: o que *importa* é que já não estão, ou estão em um outro lugar. Apontando o efeito de *desarraigo* (AUGE, 1992), de *deslocalização*, de *estrangeridade*, Aníbal Cristobo responde ao vídeo também mostrando que a experiência *se faz sentir*:

> logo aqui
> acabo de ver isso, agora em lisboa, a sensação de sempre estar num outro lugar, nao onde deveria – e a certeza de que saber de vc sempre me faz, me fara, acrescentar essa sensaçao: incrivel, como as cidades podem estar tao erradas as vezes, né?
> um beijao, o açai estava bom demais, adorei o passeio,
> a.[64]

No entanto, o vídeo não se endereça apenas a ele, não é só ele quem está presente. Essa explicitação do destinatário que poderia tornar o leitor e o espectador um mero *voyeur* (e ainda acusar a produção de *endogâmica*, de uma troca fechada entre amigos/iguais), deve ser mobilizada notando que o espectador (se esse nome ainda faz sentido) também está, desde o começo, incorporado. Em "Açaí...", os recursos da câmera subjetiva e do plano-sequência como unidade dinâmica fazem com que a caminhada seja, a um só tempo, registrada e realizada por um sujeito que insiste em mimetizar o nosso olhar com o dele. Nós somos a câmera que *faz* aquilo que vê, nos constituímos mutuamente. Representação e referente são simultâneos e, por uma ilusão de perspectiva, a mesma coisa porém partindo do questionamento dessa correspondência.

> O espectador é agora uma floração a mais na dobra da obra. Mais que *afetar* a, seria ela *afetada* por, e multiplicada por essas afeções que de antemão considerava na possibilidade de sua série. Pois a obra – e o espectador como obra ou mónada simétrica – não consistiria em outra coisa mais que a dobra infinite-

simal de suas afeções. (...) E quando te olha são milhares os espectros que te olham; e você mesmo começa a olhar desses olhares que te dobram e incorporam.
(THAYER, 2007, p. 261)

Como a câmera subjetiva do vídeo, que se desacelera – mas sem se deter – para olhar/ler com mais atenção alguns objetos que definem e afetam o percurso (o sinal vermelho, o cartaz da loja, o da rua Paissandu), o sujeito poético dos textos de Marília Garcia andam e desaceleram nos momentos das citações afetivas, pedras no meio do caminho: "e na saída: 'vai me responder de novo com/ uma pergunta?' 'mas a configuração é diferente.' e ela disse, não lembro o que ela disse." (2007, p. 23)

Esses travamentos ou demoras indicam que o percurso pode ser modificado e pontuado pelos encontros, porque não há uma busca de um sentido, ou de um objetivo, mesmo sabendo que a narrativização tem sido uma das características apontadas pela crítica para os poemas de Marília Garcia. De fato, tanto o poema *"Le pays n'est pas la carte"* já citado, quanto o vídeo, terminam sem ter chegado a lugar nenhum, mesmo que tenham remedado uma viagem, um traslado no espaço. Porém, eles nunca contemplaram a possibilidade de "chegar"; como aponta Jean-Luc Nancy: "Não é uma 'busca'; significa unicamente encaminhar o passo na pegada de outros passos" (2008, p. 128). Trata-se de gestos de destinação e endereçamento que possibilitam uma – provisória, falha, vulnerada, imprópria – configuração do eu. Por isso, se a arte contemporânea insiste nos percursos é porque eles se realizam apenas *para ser afetados*, como única forma de criar *algum tipo de pertencimento*, ou de comunidade, quando as cartografias e as identidades declararam seu definitivo enfraquecimento.

O apontamento da falibilidade do mapa deixa ver, no final das contas, que todo traslado e todo roteiro é afetivo, que sempre se configura como um evento relacional, uma cena de leitura. Cena de leitura privilegiada da poesia contemporânea, que insiste em ser a marca tanto da *alegria quanto dos estranhamentos dos encontros*. Ou, como se lê em "Olhando a poeira":

> depois de uns dias apaga
> as cores dessa rua molhada só para
> parecer *nouvelle vague*. tinha um pouco
> daquela alegria de viver junto ou
> o choque de chegar: no quilômetro
> mil sentado com o livro entre os

dedos, dispensa o w/t porque já pode
dizer tudo e terminar com uma pergunta
porque um dia esse lugar chega
a ser.
(GARCIA, 2007, p. 73)

4. REPENSANDO AS ESCOLHAS AFETIVAS: POR UM GESTO CRÍTICO

Cenas de leitura: poesia que afeta (II)

CHICA JET-LAGER (THE YORIMICHI DOG)

Cierta
cualidad sumergida diría "fuimos
ya a niteroi y para mí
sigue siendo una isla". Hablás del cansancio
más allá de vos de tu cuerpo, da aliento
la bahía sin final en su aura oxidada
cuando andamos también
sumergidos por ella. Tarde
llegaste siempre y más tarde
será cuando abrás a la siesta
tus párpados llevando todavía el ritmo
del ferry la gente
al regreso de trabajos, visitas
que nos llevan a
dónde. Un retraso mínimo
su ticket, la manera en que acomodás tu pelo
los anteojos oscuros y el reflejo
de tanta agua separando una tierra
alcanzando otra.[65]

Como o poema de Carlito Azevedo que aparece na nossa introdução, "Vozes do 23 (o que pensa o contacto)",

"Garota Jet-lager", de Andi Nachon, também encena a forma de *ler*, *escrever* e *editar* poesia assumida como uma atividade *coletiva*, exercendo as suas potências mas sem deixar de apontar os seus impasses. De fato, o poema também pertence aos poemas de outros publicados no livro *jet-lag*, de Aníbal Cristobo, que, tal como apontamos, deslocam qualquer estabilidade autoral, ou qualquer ideia de pureza ou voz própria. Este poema dialoga ainda com o pequeno *Taiga no Rio de Janeiro*, que, nesse mesmo 2002, Aníbal Cristobo e Carlito Azevedo editaram como "livro comemorativo da passagem da poeta Andi Nachon pelo Rio de Janeiro em Maio de 2001",[66] através do selo Edições da Passagem criado para a ocasião. Ou seja, o pequeno livro é um grande jogo editorial: ele é ao mesmo tempo uma seleção de poemas, sua tradução, uma coleção, um selo e uma homenagem. Livro homenagem, livro de circunstância. Celebração, endereçamento. Aqui a porta que se abre para reavaliar as colocações das escolhas afetivas à luz da longa tradição do poema de circunstância.

"Garota Jet-lager", como "Vozes do 23", articula as *pessoas* do poema de modo particular. Como em muitos dos poemas de Nachon, aparece aqui uma segunda pessoa sempre relacionada a uma primeira pessoa do plural. O *vos* de "hablás", "abrás" ou "acomodás", assim como os possessivos – "*tus* párpados", "*tu* pelo" – de segunda pessoa, estão permanentemente associados a um *nos* – "fuimos", "andamos" – e, por extensão, a uma viagem feita *com* o sujeito – o *eu* de "para mí" e das muitas percepções do espaço que aparecem no poema. O *eu* [yo], o *você* [vos] e a relação que existe entre eles não são anteriores à viagem de barca, mas se constroem com ela, através das percepções que nela se dão. O *eu* e o *você* ficam sempre do lado de fora da "narração", mas sempre afetando o andar do poema, tal como acontece no vídeo ou nos poemas de Marília Garcia, onde o *eu* e o *você* estão sempre referidos, guiam a escrita, mas nunca aparecem figurados ou representados. Como diz Andi Nachon em relação à presença recorrente de uma segunda pessoa em seus poemas:

> É uma segunda pessoa que abre a opção do diálogo no poema: quase diria um "você" a quem o poema está destinado e com quem tenta falar, ou melhor, atingir. Não consigo imaginar a escrita sem essa instância, quase uma chegada, diria que excede o poema e o leva para outro sítio (...) quase diria um fora de quadro que o implica diretamente com o universo

que esse poema em particular – e o livro ao que pertence – propõem. (2011)

Assim, se nessa barca que atravessa a baía podemos observar um cenário do *viver junto* – quase em termos de Barthes no livro *Como viver junto* (2003) –, vemos também que tanto o cenário como os sujeitos envolvidos nessa experiência são instáveis e estão sempre fora de quadro: deslocados, presentes em ausência, ou apenas aparecidos através de uma percepção duvidosa, mal-acabada. Como no poema *"Le pays n'est pas la carte"*, de Marília Garcia, onde mapa e espaço não se correspondem, produzindo um sentir estranhado, o que se sabe previamente de Niterói não anula a possibilidade de um sentir contrariante: "para mim continua sendo uma ilha."

Desse modo, o poema de Nachon, assim como vem insistir na possibilidade de observar na poesia do presente uma encenação de um modo de *viver junto* (escrever junto, publicar junto, para o outro e com o outro, assumindo o risco da dissolução do sujeito), insiste também no perigo de que esse *junto* se torne uma tábula rasa das singularidades, que seja uma exigência solapada de *indiferen-*

ciação. Por isso, aquela barca que se separa de uma terra... alcança outra.

Uma tarefa *crítica*: reinstauração do incômodo afetivo

A cena do poema mostra que seria um contrassenso propor, aqui, uma conclusão. Na verdade, uma conclusão sequer poderia ser imaginada sem aquietar o que os textos apresentados mostram como tensão. E assim, como tensão, sem síntese, nem conclusão devem ficar. Porque talvez essa seja a tarefa, não apenas da poesia, mas da crítica: restaurar o incômodo do afeto.

Ainda é necessário explicitar que o elogio feito neste texto – quase manifesto, um gesto "por..." reivindicativo –, de uma ética e uma estética das escolhas afetivas, da transitividade e do relacional nasce, na verdade, de uma também afetiva preocupação com esse próprio elogio. Uma preocupação com a naturalização dos modos de consagração predominantes na poesia produzida nas últimas décadas – a do *meu* tempo, a dos *meus* amigos –, modos da consagração das quais a crítica participa intimamente. Daí que a tarefa assumida tenha sido, desde o começo, a desnaturalização desses modos – e não a sua desativação! A tarefa de tornar mais transparentes as tramas da consagração literária, decorrente de escolhas editoriais assim como estéticas, que estão em jogo tanto nas coleções e antologias, quanto nos procedimentos de citação e endereçamento trabalhados nos poemas.

Porém, essa tarefa de desnaturalização implica, na verdade, não apenas jogar luz sobre os critérios de escolha que definimos como afetivos e transitivos, mas principalmente reinvestir de potência – de incômodo – esse afeto, e sua relação com as ideias de comunidade e amizade, tão caras ao nosso pensamento crítico. Estes são conceitos poderosamente críticos de toda estabilidade e lutam intestinamente contra a naturalização repetitiva pela qual foram domesticados, haja vista a pouca revulsividade que causa a chamada *virada afetiva*.

É necessário apontar que, quando em lugar de propiciar as ressonâncias da escuta, o artista repete as referências herdadas, e se contenta com uma relação especular, o que se chama de afeto se torna um relação narcisista. Do mesmo modo, quando o crítico torna a sua atividade um mero eco do coro dos contentes, ou a mera repetição de um gesto contra, mas já contra nada e para ninguém, os conceitos revolucionários se tornam o *já pensado*, o *já sentido*. Voltam-se contra si mesmos.

Ainda, poderia se objetar que os exemplos tomados neste livro, os campos pensados, em lugar de ser estranhos ao meu olhar crítico, em lugar de ser *outros*, são próximos e o espelham. No entanto, prefiro pensar que, por um lado, esta reflexão crítica sobre as escolhas afetivas talvez possa ser útil para pensar qualquer outro campo poético, artístico ou social, além deste, sem silenciar as suas particularidades. E, por outro lado, que, embora pudesse ter tomado outros objetos, sem dúvidas não seriam esses outros objetos os que colocariam meu próprio olhar – espelho/outro, "quase igual, quase o mesmo" – em questão. Esse é o risco que me importa e afeta.

Se outras formas de organização social ou comunitária podem e devem ser pensadas no *nosso tempo*, formas que não coagem a reproduzir a lógica identitária para estabelecer o contato entre os seus integrantes, *uma poética das escolhas afetivas, certamente, vem contribuir incomodamente para essa possibilidade*, porque ela encena relações sempre dissimétricas, entre corpos que se afetam uns aos outros, e assim... Contudo, sempre que for possível identificar tal poética ou se o afeto aparecer em grossos volumes de palavras de ordem, desconfiemos: talvez ele já não esteja aí.

> isto é um roçar de mãos? sigo
> uma linha que se parte? acredito
> em circulação instantânea? e em
> sensações de linhas
> que se partem?

Notas

1. Pensamento contemporâneo: o afeto em pauta

1 O poema de Ana Cristina aparece pela primeira vez em *Cenas de abril* (1979), reeditado depois em *A teus pés* (1982).

2 Para uma pesquisa sobre a questão são incontornáveis os estudos de Maria Lucia de Barros Camargo (2001; 2008). Ver também: MORICONI, Ítalo (1998); o prefácio de Heloisa Buarque de Hollanda a *Esses poetas* (2001); SISCAR, Marcos (2010); SCRAMIM, Susana (2007).

3 Talvez esteja aqui, justamente, um dos pontos nevrálgicos da chamada *virada afetiva*. Esta *virada* é um sintoma que deve ser levado em conta já que vem mostrar, no coração da academia americana, a importância que a questão ganhou nos últimos anos, principalmente da mão dos estudos de gênero e culturais. Não esqueçamos que tanto a antologia *The affective turn. Theorizing the social*, organizada por Patricia Ticineto Clough em 2007, quanto *The affect theory reader*, organizada por Melissa Gregg e Gregory Seigworth em 2010 são publicações da Duke University que respondem, já no formato, a todos os estereótipos de publicação acadêmica. Em termos editoriais e acadêmicos, os textos ali compilados não trazem nenhum tipo de revulsividade ou estranheza para um campo que utiliza agora o *afeto* como um conceito subsidiário de uma de-

finição de sujeito própria das ciências sociais, e não chegam a mergulhar em questões filosóficas nem linguísticas que poderiam tanto questionar quanto enriquecer essas definições. A vontade etiquetadora desta *virada* gravada em letras de molde guarda um resquício normalizador, e tende a desativar a revolta que se instala ao fazer colidir as reflexões abstratas dos afetos com as práticas artísticas concretas, seus investimentos estéticos, suas relações de poder, sua recepção crítica. Nos textos das antologias da *virada afetiva* o afeto é uma solução dos embates entre as subjetividades, e por isso raramente olhado de forma crítica.

4   São da autora as traduções para o português dos textos cujas referências bibliográficas estejam em outra língua.

5   Por exemplo, diversos ensaios na organização de Raquel Paiva, *O retorno da comunidade* (2007), ou Peter Pal Pelbart, "Elementos para uma cartografia da grupalidade" (2010).

6   Ver, para estas avaliações, o prefácio de Wernek Sodré a *O retorno da comunidade* mencionado na nota precedente.

7   Sobre o "princípio de incompletude" ver: BATAILLE, Georges. *O erotismo* (Lisboa: Antígona, 1988) e *A parte maldita* (Lisboa: Fim do Século Edições, 2005).

8   De forma constante, explica Castells, ao longo da segunda metade do século XX, e de forma acelerada nas últimas três décadas, comprova-se nas cidades uma tendência ao isolamento do indivíduo que passa a ficar mais tempo no lar,

muitas vezes como único ocupante da moradia, conectado a aparelhos que, mesmo direcionados ao grupo familiar na sua origem, se tornam cada vez mais exclusivos e individualizados: mesinhas de jantar individuais, aparelhos de som e TV de formato reduzido e baixo custo, o surgimento dos walkman e seus sucessores, o computador pessoal.

9 BECK, Ulrich. "Vivir nuestra vida propia: individuación, globalización y política". In: GIDDENS, Anthony; HUTTON, Will (eds.). *En el límite. La vida en el capitalismo global*. Tusquets: Barcelona, 2001. Ver também GUIDART, Moisés. "Por que nos importa tanto el tema de la identidad?". In: *Aposta. Revista de ciencias sociales*. Disponível em: http://www.apostadigital.com/revistav3/hemeroteca/m0ises.pdf.

10 Perniola de fato aponta três processos de alheamento: o alheamento do pensar, que teria se dado na construção de ideologias já que apresentam o mundo como já pensado; o alheamento do fazer, no fortalecimento das burocracias, onde o mundo se apresenta como já feito; e o terceiro momento, de alheamento do sentir, definido com o neologismo *sensologia*, onde o mundo se apresenta como já sentido.

11 Seria interessante observar que estas características também são apontadas por Andrea Giunta para analisar a arte argentina contemporânea. No entanto, Giunta vai relacionar o investimento no viés relacional, valha a redundância, a um momento histórico argentino específico: a crise argentina de 2001.

12 Um importante exemplo deste tipo de reflexão encontra-se nos trabalhos de Reinaldo Ladagga sobre as ecologias culturais em *Estética de la emergência* (Buenos Aires: Adriana Hidalgo, 2006).

13 Para uma discussão sobre a autonomia da arte, e a sua função compensatória, remeto ao clássico estudo de Peter Burguer, *Teoria da vanguarda*.

14 Este texto e "Testimoniar sin metáfora" de Tamara Kamenszain (In: *La boca del testimonio. Lo que dice la poesia*. Buenos Aires: Norma, 2007) são explicitamente convocados como inspiradores por Josefina Ludmer em um pequeno e sugestivo texto que, com um tom ao mesmo tempo pouco acadêmico e afirmativo, responde à pergunta pela definição possível para a literatura: "Literaturas postautónomas" (2007).

15 Ainda Garramuño fundamenta a tarefa de uma pesquisa comparada pensando em termos de campo: "Essa ideia de campos imaginados e virtuais pode albergar um resto de amparo para imaginar coletividades ou comunidades que são anteriores e se contrapõem às autorizadas pelo nacionalismo ou pelo capitalismo e que podem achar nos estudos comparados o espaço produtivo do qual emergir, desmontando a restrita continuidade da tradição nacional e a constrita relação entre literatura e território" (2009, p. 110). Aponta-se já a possibilidade de imaginação/construção de comunidades não identitárias a partir desse campo criado pela interação

entre o olhar e os textos. Sem dúvida, essa possibilidade está na base programática da nossa pesquisa.

2. Escolhas afetivas e edição de poesia

16 Para um estudo destas questões, ver: o texto de Malena Botto (2010); a compilação *El valor de la cultura* (2007), organizada por Alejandra Laera, Álvaro Fernandez Bravo e Luis Cárcamo-Huechante; as intervenções de Sandra Contreras e Adriana Astutti (2001); e o texto de Jeffrey Cedeño, "Literatura y mercado: algunas reflexiones desde América Latina" (2010).

17 A livraria argentina *Mi casa. Librería atípica* (www.libreria-micasa.wordpress.com) começou a comercializar livros de pequenas editoras a partir do momento que a proprietária entrou em contato com algumas delas para adquirir exemplares para uso pessoal. Essa livraria seria um exemplo dos vínculos explícitos entre os âmbitos do público e do privado para a circulação das publicações das editoras pequenas.

18 A frase é de Sandra Contreras e Adriana Astutti na sua intervenção no primeiro Encuentro de Editores Independientes (Cf. AA.VV. *Actas del 1er Encuentro de Editores Independientes*, 2000).

19 Muitos autores se mantêm fiéis às editoras de estreia, ou se trasladam a outras pequenas editoras, mas existe um setor de

autores que, como aponta Carlito Azevedo, pensam a pequena editora apenas como um primeiro degrau na inserção no mercado, e "ao primeiro aceno da grande editora se mudam de malas e bagagens" (2011).

20 Entre elas, para os casos argentino e brasileiro, e em uma lista que não pode ser observada senão a partir de suas diferenças, podemos mencionar: 7Letras (de Jorge Viveiros de Castro, Rio de Janeiro, criada em 1994), VOX (Gustavo López, Bahía Blanca, 1999), Tsé-Tsé (Reynaldo Gimenez, Buenos Aires, 1995), Azougue (Sergio Cohn, Rio de Janeiro, 2001), Alpharrabio (Tarso de Melo, Santo André, 2000), Bajo la Luna (Miguel Balaguer e Valentina Rebasa, Rosario, 1992), Eloísa Cartonera (Santiago Vega, Buenos Aires, 2002).

21 Apontemos apenas alguns destes casos, como o de Carlos Drummond de Andrade, seja na editora Record ou, agora, na Companhia das Letras; Manuel Bandeira, Murilo Mendes e João Cabral de Melo Neto tiveram suas poesias "Completas" reunidas nos grossos tomos da editora Nova Aguilar. Um exemplo mais próximo no tempo seria o de Ana Cristina Cesar, editada pela Ática, casa dedicada majoritariamente a livros escolares. No caso da poesia argentina podemos mencionar o volume de *Poesía Completa* de Alejandra Pizarnik, editado pela Lumen.

22 *Inimigo Rumor*, publicada desde 1997, edita seu último número, o 20, no ano de 2010, no entanto, entendo que o projeto pode ver-se continuado em outras duas publicações: a

revista *Modo de Usar & Co.* – editada pela Editora Berinjela, selo nascido, seguindo a lógica de circulação descrita acima, de uma livraria e ponto de encontro dos poetas cariocas –, cuja equipe editorial também participava do conselho da *Inimigo Rumor*, e a *Lado7*, revista da editora 7Letras que se dedica à divulgação de ensaios, contos e poesia.

23 Quando falamos de editoras de poesia, certamente, estamos cometendo uma generalização simplificadora, pois a maioria das que estão no foco da nossa reflexão também editam outros gêneros, inclusive sendo eles em muitos casos os que sustentam economicamente a editora.

24 A entrevista, publicada no blog de Aníbal Cristobo, *kriller 71*, apareceu originalmente em espanhol. Os grifos são meus.

25 Para uma análise deste poema ver: Florencia Garramuño. *La experiencia opaca*, Buenos Aires: Fondo de Cultura Económica, 2009; e Flora Süssekind. *Até segunda ordem não me risque nada*, Rio de Janeiro: 7Letras, 2007.

26 Tal foi o caso, por exemplo, de Rosario, com, entre outras casas editoriais, Beatriz Viterbo, dirigida por professoras pesquisadoras da Universidade Nacional de Rosario e dedicada a dar visibilidade a trabalhos acadêmicos, além de textos narrativos e poéticos de pouca circulação, ou Bajo la Luna, dedicada principalmente à poesia (embora ela tenha se mudado para Buenos Aires alguns anos depois da sua aparição).

27 Os 24 números estão disponíveis em: http://www.revistavox.org.ar/virtual.htm. Sobre VOX Virtual e outras publicações de revistas na internet ver: Ana Porrúa, "Las formas del presente y del pasado: poesia.com y Vox virtual" (2007).

28 As atividades organizadas pelo projeto VOX e algumas atividades em parceria com outras organizações e publicações estão relatadas em: http://proyectotrama.org/00/2000-2002/GESTION/voxcv.htm, página de *TRAMA. Programa de cooperación y confrontación entre artistas.*

29 Ver a excelente resenha de Ana Porrúa, "Notas sobre la antología de un poeta" (2001).

30 Para um estudo de algumas antologias de poesia brasileira do século XX, ver Elisa Tonon, *Configurações do presente: crítica e mito nas antologias de poesia* (2009).

31 Mencionemos aqueles autores participantes das oficinas frequentadas por moradores de Bahía Blanca e seus arredores, que depois tiveram livros publicados na própria editora. No entanto, assinalemos que vários desses autores também editaram livros em outras casas editoriais. Participantes da oficina de 2000, coordenada por Arturo Carrera e Daniel García Helder: Lucía Bianco (*Diário de exploración afuera del cantero*, 2009); Omar Chauvié (*Hinchada de metegol*, 1998; *ABC de pastrana*, 2002); Marcelo Dias (*Diesel 6002*, 2000); Roberta Iannamico (*El zorro gris, el zorro Blanco, el zorro colorado*, 1998; *Mamushcas*, 2000; *El collar de fideos*, 2001); Eva Murari (*Violetas*, 2003); Mario Ortiz (*Cuadernos de lengua y literatura.*

vol. I, 1999; e *Cuadernos de lengua y literatura*. *vol. II*, 2000); Carolina Pellejero (*km 779*, 2002); Sergio Raimondi (*Poesia civil*, 2000). Em relação aos participantes da oficina de 2001, coordenada por Daniel Link e Delfina Muschietti, não temos notícias de publicações de livros pela VOX, embora, sim, por outras editoras. Dos antologizados, alguns publicaram livros com outras casas editoriais, e outros continuaram vinculados ao projeto VOX como colaboradores da revista virtual.

32 De fato, para citar alguns exemplos, os livros da VOX – ou os da Heloisa Cartonera, com suas capas de papelão rústico e tinta guache, páginas "mal" xerocadas, grampeadas e coladas de forma caseira, ou os de *Chicas de bolsillo* (La Plata), de 8x8cm, com uma bonequinha de pano – trazem um design curioso. Porém, a crítica tem apontado um gesto generalizador no texto de Masón e Selci: como assinala Anahí Mallol (2006), existe certa pressa ou superficialidade ao colocar num mesmo patamar projetos tão diferentes como o da VOX e o de Heloisa Cartonera. Ou seja, tomar a *nova poesia* e a *cualquerização* como um dado homogêneo que poderia abarcar qualquer manifestação de importância dada à materialidade sem observar as claras diferenças entre umas e outras.

33 No espanhol rio-platense as letras V e B têm o mesmo som de /b/.

34 Embora cada país tenha seu próprio blog, cada um deles coloca o link que direciona até os outros países. A lista completa, que se mantém assim desde setembro de 2009, quando se cria o blog

da Venezuela, é: www.laseleccionesafectivas.blogspot.com, Argentina; www.asescolhasafectivas.blogspot.com, Brasil; www.urbanotopia.blogspot.com, Peru; www.lasafinidadeselectivas.blogspot.com, Espanha; www.laseleccionesafectivasmexico.blogspot.com, México; www.laseleccionesafectivaschile.blogspot.com, Chile; www.afinidadesafectivasitalia.blogspot.com, Itália; www.laseleccionesafectivasuruguay.blogspot.com, Uruguai; www.laseleccionesafectivasbolivia.blogspot.com, Bolívia; www.laseleccionesafectivascolombia.blogspot.com,Colômbia; www.afinidadeselectivascr.blogspot.com, Costa Rica; www lase-leccionesafectivasecuador.blogspot.com, Equador; www afinidadespanama.blogspot.com, Panamá; www.electiveaffinitiesusa.blogspot.com, Estados Unidos; www.afinidadeselectivasven.blogspot.com, Venezuela.

35 Alejandro Mendez (Argentina, 1965) integrou o grupo poético Academia Medrano. Publicou os livros de poemas *Variaciones Goldberg* (Buenos Aires: Ediciones del Dock, 2003); *Tsunami* (México: Crunch Editores, 2005); *Medley* (Barcelona: Suscripción/Larga Distancia, 2006); e *Chicos índigo* (Buenos Aires: Bajo la Luna, 2007). Administra também seu próprio blog: http://www.chicosindigo.blogspot.com/.

36 Disponível em: http://laseleccionesafectivas.blogspot.com/2006/06/123largamos.html.

37 No texto "No todo lo sólido se desvanece en el aire: poesía y nuevos soportes en Argentina", Ana Porrúa assinala esta mesma questão: "A crítica mais geral a 'Afinidades' aponta o sis-

tema e insiste na ideia de que o modo de escolha funciona como 'uma troca de favores', ou, simplesmente, como gesto irresponsável e amical", mas em seguida aponta a limitação dessa avaliação: "Porém, nenhuma antologia é, na verdade, desinteressada e o interesse, em qualquer caso, responde a distintos pressupostos; inclusive quando algum dos poetas menciona apenas os seus amigos está dando conta de uma ideologia ou uma lábil crença sobre o que é literatura; no entanto, a maioria das escolhas do blog são gestos de intervenção no campo poético" (2009).

38 Ricardo Domeneck. "Texto em que o poeta medita sobre algumas escolhas estéticas na companhia de Angélica Freitas em Buenos Aires", in: *Modo de Usar & Co.*, Rio de Janeiro, 2007, pp. 194-195.

39 Susana Thénon (Buenos Aires, 1935-1991). *Ova Completa* é o seu quinto livro, de 1987. O título claramente ironiza e questiona a ideia de "obra completa", trazendo a condição de embrionária para a sua escrita. A referência de Domeneck, novamente, é apenas nominalista, não parece haver um diálogo em termos de procedimentos entre o livro de Thénon e o presente poema mesmo que ambos coloquem em cena um viés humorístico – característico também da poesia de Freitas – não tão comum na poesia da época.

40 http://revistamododeusar.blogspot.com/2008_01_01_archive.html.

41 Disponível em: http://asescolhasafectivas.blogspot.com/ 2008/ 01/cartas-de-amor-critica-brasileira.html.

42 É interessante observar que, articulada através de outros conceitos – tradição *versus* novidade –, a mesma oscilação e a mesma armadilha têm lugar nos debates em torno da nova poesia argentina. Martín Prieto, no texto "Neobarrocos, objetivistas, epifánicos y realistas: nuevos apuntos para la historia de la nueva poesía argentina" (2007), aponta e contribui a um debate entre alguns setores da escrita e a crítica de poesia. Por um lado, um grupo que identifica na poesia que está sendo produzida na Argentina a banalização do gesto de ruptura com o passado e a inoperância da busca pela novidade quando esvaziada de conteúdo (uma poesia em crise), passando a solicitar a recuperação dos "velhos poetas"; por outro, os novos escritores que, através da sua produção, estariam provando um posicionamento crítico e declarando a vitalidade da poesia e a novidade como valor (um discurso anticrise). Ver também: Ana Porrúa, "La novedad en las revistas de poesía: relatos de una tensión especular" (2003).

43 Cf. http://boladenieve.org.ar/

44 Cf. http://cantosdelaalcantarilla.blogspot.com/2007/08/ el-enigma-inmvil-alejandro-mndez-y-las.html

45 Cf. Nélida Archenti, J.I. Piovani e Alberto Marradi. *Metodología de las Ciencias Sociales*, 2007.

46 Elisa Tonon, no último capítulo da sua dissertação de mestrado *Configurações do presente: crítica e mito nas antologias de poesia* (UFSC, 2009), assinala a referência ao romance de Goethe, apontando a matriz formadora de novas alianças que se dá no processo químico das "afinidades eletivas".

47 Cristian De Nápoli (Argentina). Poeta, escreve em diferentes revistas de poesia e cultura de Buenos Aires. É o principal organizador de "Salida al Mar. Festival Latinoamericano de Poesia de Buenos y Rosario". No festival bienal é de destacar a presença de poetas brasileiros, vários deles, mas não apenas, do grupo de poetas "endogâmicos" mencionados por Felipe Fortuna: Carlito Azevedo, Marília Garcia, Angélica Freitas.

48 Em "Experiência e pobreza", Walter Benjamin levanta as duas possibilidades em relação às pegadas: "'Apaguem os rastros!', diz o estribilho do primeiro poema da *Cartilha para os citadinos* [de Brecht]. Essa atitude é a oposta da que é determinada pelo hábito, num salão burguês" (1986, pp. 117-118). O poema de Bertold Brecht, "Apague as pegadas", diz: "Separe-se de seus amigos na estação/ De manhã vá à cidade com o casaco abotoado/ Procure alojamento, e quando seu camarada bater/ Não, oh, não abra a porta/ Mas sim/ Apague as pegadas!// Se encontrar seus pais na cidade de Hamburgo ou em outro lugar/ Passe por eles como um estranho, vire na esquina, não os reconheça/ Abaixe sobre o rosto o chapéu que eles lhe deram/ Não, oh, não mostre seu rosto/ Mas sim/ Apague as pegadas!// (...) O que você disser, não diga duas

vezes./ Encontrado o seu pensamento em outra pessoa: negue-o./ Quem não escreveu sua assinatura, quem não deixou retrato/ Quem não estava presente, quem nada falou/ Como poderão apanhá-lo?/ Apague as pegadas!// (...) (Assim me foi ensinado)" (BRECHT, 2000, p. 59). Agradeço a referência ao poema realizada na banca de qualificação pelo prof. Patrick Pessoa, e a recupero aqui pois permite insistir no debate pela possibilidade de identificar os sujeitos através das suas pegadas, mas, a partir da possibilidade de identificar os trânsitos comunitários, as pegadas do afeto de uns nos outros, pegadas da experiência comunitária que teriam se perdido, segundo Benjamin, com o fim da arte de narrar na modernidade.

49 Nancy em "El vestigio del arte" assinala que a palavra *vestígio* na sua origem latina – *vestigium* – designa a sola do pé e a sua pegada.

50 Surgidas a partir de 2006, as Curadorias Autogestionadas de Poetas tiveram uma sobrevida diversa em cada país. Na Argentina, Alejandro Mendez continua publicando novos autores, embora com menos frequência; já no Brasil, a antologia passou a ser administrada por Renato Mazzini em 2008, pouco depois pararam de aparecer novas publicações, até a retomada – em 2012 – da administração por Cristobo, quando apareceram três novos nomes. Além desses dados concretos, poderíamos assinalar uma certa "inatualidade" que sobreveio principalmente nas entradas mais antigas: por um lado, poetas que deixaram de escrever – deixaram, por isso,

de ser poetas? –, e poemas que "envelheceram". Certamente o mesmo pode acontecer nas antologias impressas, mas a "atualidade" própria do suporte (a possibilidade de manter o seu conteúdo sempre "atualizado" – não necessariamente "novo" –, como se o blog devesse ter permanentemente um texto maquiado no topo e na frente da tela para mostrar que o projeto "está vivo") parece criar um atrito com a sua própria caducidade. Se os livros permanecem vivos, ou suscetíveis de revitalização, algo nos blogs e nas páginas de internet parece apontar para uma impossibilidade de parar de escrever, sem que isso signifique a morte da escrita.

3. Poéticas do afeto: endereçamento, citação e nomes próprios

51 Este começo carioca do poeta argentino nos obriga a repensar a pertinência dos gentílicos, como sucedia nas antologias *Escolhas afectivas*, sabendo entre outras coisas que tal "situação" permitiu que seus poemas formassem parte tanto de publicações e antologias de poesia contemporânea "brasileira" quanto "argentina". Como poeta no ou do Brasil, forma parte das antologias: *Esses poetas – uma antologia dos anos noventa* (Rio de Janeiro: Aeroplano, 1998), organizado por Heloisa Buarque de Hollanda, que, além de Cristobo, inclui apenas poetas brasileiros; e *A poesia andando: treze poetas no Brasil*, publicada em Portugal (Lisboa: Cotovia, 2008), orga-

nizada por Marília Garcia e Valeska de Aguirre. Como poeta "argentino", de *Las elecciones afectivas/Las afinidades electivas*.

52 Cf. Diana Klinger, *Escritas de si, escritas do outro*. Rio de Janeiro: 7Letras, 2007.

53 Entrevista realizada por Aníbal Cristobo: http://kriller71.blogspot.com/2011/08/entrevista-andi-nachon-micropoliticas.html.

54 "Não há flechaço da amizade, mas um se fazer passo a passo, um lento labor do tempo. Éramos amigos e não sabíamos" (BLANCHOT, 2000).

55 Esta versão em português foi publicada na revista *Inimigo Rumor* nº 19 (2006/2007, pp. 26-27). No blog consta a versão em espanhol.

56 Este poema de Marcos Siscar mostra a tensão incessante entre anonimato e nome, endereçamento e destinatário: "O poema não foi feito para você/ mas seu nome cabe nele tão perfeito/ como se antes de ser feito o poema/ já se visse a seu nome nome afeito/ fosse feito do seu nome no poema/ não haveria nada mais do que fora/ feito em seu nome apenas caberia/ ao nome o pretérito mais que perfeito/ (antes mesmo ou depois de descoberto/ o nome mais que perfeito atravessa rumo à promessa de outro verso até/ que da flor finalmente recorberta/ o poema possa reter o gosto bruto/ da leveza o seu nome guarda inteiro/ a novidade do passado retirado/ da imprudente e devastada singeleza)" (SISCAR, 2003, p. 41)

57 O próprio Aníbal aponta essa ambiguidade ou esse impasse em uma entrevista a Andi Nachon (2011). Cristobo identifica na poesia de Nachon a presença de elementos biográficos cujos referentes podem não ser reconhecidos pelo leitor, leitor que sem se igualar se pousa em um *vos* (você) que para a autora é o motor do poema. Cristobo comenta, como se estivesse comentando seus próprios poemas: "Mínimas situações, personagens, que atravessam a cena do poema como uma fotografia íntima, mas cujo efeito pode ser ambíguo: sentir que estamos sendo convidados para ver algo muito pessoal – ou sentir que se fala para nós de uma mitologia privada, que não conseguimos decodificar."

58 Embora a questão retorne em muitos dos seus escritos da virada da década de 1970, os mais significativos são "Escrever a leitura" (1970), "Da leitura" (1975) e "A morte do autor" (1968), publicados em *O rumor da língua* (2004).

59 Disponível em: http://cristobo.livejournal.com/64729.html. Daqui em diante referido apenas como "Açaí...".

60 No texto "A poesia e a prosa do mundo" (2010), Celia Pedrosa aponta a necessidade de pensar a produção contemporânea e a sua relação com a tradição moderna a partir do conceito freudiano de *perlaboração*, tal como retomado por Jean-François Lyotard, que pensaria a memória como um trabalho contínuo, produtivo e presentificador, e não como recuperação do passado. Aqui, da mesma forma, tento estender o conceito não apenas ao trabalho de Marília Garcia com

a memória, mas ao trabalho da poesia contemporânea com a tradição e com seu próprio tempo.

61 Na versão deste texto publicada na revista *Gragoatá*, dedico alguns parágrafos à análise da relação desses pontos de estofo dos trabalhos de Kuitca, e a citação no trabalho de Marília, com o ponto de estofo na teoria linguística lacaniana.

62 Não interessa levantar aqui, uma por uma, cada referência, pois isso poderia sugerir que esses trabalhos convidam a leituras detetivescas, que procuram nessas pistas o deciframento de um enigma. Muito pelo contrário, essas referências só fazem sentido pela sua presença como pegada do encontro, como afeto, e não por um conteúdo, que resta sempre adiado. Porém, digamos apenas que, além do convívio em torno da coleção "Moby Dick", apontado pela nota "2002, jet-lag", "Victoria station" é o título de um poema de *20 poemas para o seu walkman*, onde aparece um "ele" e várias frases em itálico ou entre aspas que deformam versos de alguns poemas de Aníbal; já "schiphol airport" é o título do posfácio que Aníbal Cristobo escreve para o livro de Marília Garcia, em 2006.

63 A frase em itálico faz referência ao texto "A tarefa do tradutor", de Walter Benjamin (publicado em português, traduzido por Susana Kampff Lages, em Walter Benjamin, *Escritos sobre mito e linguagem*, São Paulo: Editora 34, 2011).

64 Disponível em: http://cristobo.livejournal.com/64729.html.

4. Repensando as escolhas objetivas: por um gesto crítico

65 Certa/qualidade submersa diria "fomos/ já em niterói e para mim/ continua sendo uma ilha". Você fala do cansaço/ além de você do seu corpo, dá fôlego/ à baía sem fim na sua aura enferrujada/ quando andamos também/ submersos por ela. Tarde/ chegou sempre e mais tarde /será quando abrir na sesta/ tuas pálpebras levando ainda o ritmo/ da barca as pessoas retornando do trabalho, visitas/ que nos levam a/ onde? Um atraso mínimo/ seu ticket, a maneira em que você ajeita o cabelo/ os óculos escuros e o reflexo de tanta água separando uma terra/ alcançando outra.

66 Comentário da quarta capa de *Taiga no Rio de Janeiro*, Rio de Janeiro: Edições da Passagem, 2002.

Bibliografia

Antologias e livros de poesia contemporânea

As escolhas afectivas. Curadoria Autogestionada de Poesia Brasileira Contemporânea (Rio de Janeiro – Barcelona), administrado por Aníbal Cristobo e Renato Mazzini. Disponível em: http://www.asescolhasafectivas.blogspot.com/.

Las afinidades electivas/Las elecciones afectivas. Curadoria Autogestionada de Poesia Contemporánea Argentina (Buenos Aires), administrado por Alejandro Mendez. Disponível em: http://www.laseleccionesafectivas.blogspot.com/.

AGUIRRE, Valeska. **Ele disse, Ela disse**. Rio de Janeiro: Moby Dick, 2001.

AZEVEDO, Carlito. **Monodrama**. Rio de Janeiro: 7Letras, 2009.

CARRERA, Arturo (org.). **Monstruos. Antología de la joven poesía argentina**. Buenos Aires: F.C.E/ICI, 2001.

CESAR, Ana Cristina. **A teus pés**. São Paulo: Ática, 1999.

CRISTOBO, Aníbal. **Miniaturas kinéticas**. Rio de Janeiro: 7Letras, 2004.

_____. **Krill**. Buenos Aires: Tsé-Tsé, 2002.

_____. **Jet-lag**. Rio de Janeiro: Moby Dick, 2001.

_____. "Dossiê". In: **Inimigo Rumor**. Rio de Janeiro: nº 19, pp. 5-30, 2007.

_____. Kriller 2008. "Yo debería estar haciendo otra cosa". Disponível em: http://cristobo.livejournal.com.

_____. KRILLER 71 "Mélange adultère de tout..." (Tristan Corbière). Disponível em: http://kriller71.blogspot.com.

_____ e GARCIA, Marília. "w/t", Et Cetera. In: **Revista de Literatura & Arte**. Curitiba: Travessa dos Editores, nº 0, verão 2003.

GARCIA, Marília. **Encontro às cegas**. Rio de Janeiro: Moby Dick, 2001.

_____. **20 poemas para o seu walkman**. Rio de Janeiro: 7Letras, 2007.

_____. "Açaí ou cine Paissandu para Aníbal Cristobo" (vídeo). Disponível em: http://www.dailymotion.com/video/x8yph7_acai-ou-cine-paissandu-para-anibal_travel (criado em 28 de agosto de 2008).

_____. Entrevista com Aníbal Cristobo (2010). In: **Kriller 71**. Disponível em: www.kriller71.blogspot.com/2010/10/entrevista-marilia-garcia.html. Acesso em: 31 de outubro 2010.

GARCIA, Marília; AGUIRRE, Valeska (orgs.). **A poesia andando: treze poetas no Brasil**. Lisboa: Cotovia, 2008.

LÓPEZ, Gustavo (org.). **23 chicos bahienses. Antologia de poesia**. Buenos Aires: Vox Senda, 2004.

NACHON, Andi (comp.). **Poetas argentinas (1961-1980)**. Buenos Aires: Ediciones del Dock, 2007.

NACHON, Andi. **36 movimientos hasta**. Buenos Aires: La Bohemia, 2005.

_____. **Taiga em Rio de Janeiro**. Rio de Janeiro: Edições da Passagem, 2001.

_____. "Micropolíticas de la resistência". Entrevista de Aníbal Cristobo. In: **Kriller 71**. Disponível em: http://kriller71.blogspot.com.br/2011/08/entrevista-andi-nachon-micropoliticas.html.

SISCAR, Marcos. **Metade da arte**. Rio de Janeiro: 7Letras, 2003.

Bibliografia geral

AA.VV. *Actas del 1er Encuentro de editores independientes de América Latina*. Guijón, 2000. Disponível em: http://www.oei.es/cultura2/actas.pdf.

AGAMBEN, Giorgio. **La comunidad que viene**. Valencia: Pre-Textos, 2006.

_____. **O que é contemporâneo? e outros ensaios** (Vinícius Nocastro Honesko, trad.). Chapecó, SC: Argos, 2009.

AGUILAR, Gonzalo; DI LEONE, Luciana; GARRAMUÑO, Florencia (ed.). **Cuerpo, experiencia y subjetividades**. *Literatura Brasileña contemporánea*. Rosario: Beatriz Viterbo, 2007.

ALENCAR, Ana Maria de; MORAES, Ana Lucia. "A Oulipo e as oficinas da escrita". In: **Terceira Margem**. *Oficinas da escrita*. Ano IX, nº 13, Rio de Janeiro: UFRJ, 2005.

AMARAL, Adriana; RECUERO, Raquel; MONTARDO, Sandra (orgs.) **Blogs.com: estudos sobre blogs e comunicação**. São Paulo: Momento Editorial, 2009.

ARCHENTI, Nélida; PIOVANI, J.I.; MARRADI, Alberto. **Metodología de las ciencias sociales**. Buenos Aires: EMECE, 2007.

ASTUTTI, Adriana; CONTRERAS, Sandra. "Editoriales independientes, pequeñas... micropolíticas culturales en la literatura argentina actual". In: **Revista Iberoamericana**, vol. LXVII, nº 197, pp. 767-780, out./dez. de 2001.

AUGUSTO, Ronald. **Revistas literárias e seus tarados protetores**. Disponível em: http://sibila.com.br/batepro133revistas.html. Acesso em: 6 de outubro de 2008.

AZEVEDO, Carlito. "'Editar bem poesia é aceitar editar antimercadoria', diz escritor", entrevista com Paulo Werneck, *folha.com*, 17 de setembro de 2011. Disponível em: http://www1.folha.uol.com.br/ilustrada/976746-editar-bem-poesia-e-aceitar-editar-antimercadoria-diz-escritor.shtml. Acesso em: 17 de setembro de 2011.

BARTHES, Roland. **O rumor da língua**. São Paulo: Martins Fontes, 2004.

_____. **Como viver junto**. São Paulo: Martins Fontes, 2003.

BATAILLE, Georges. **La conjuración sagrada**. Buenos Aires: Adriana Hidalgo, 2005.

BENJAMIN, Walter. As afinidades eletivas de Goethe. (trad. Mônica Kraus Bornebusch). In: **Ensaios reunidos: escritos sobre Goethe**. São Paulo: Editora 34, 2009.

_____. "Experiência e pobreza". In: **Obras escolhidas. Magia e técnica, arte e política**. São Paulo: Editora Brasiliense, 1986.

_____. "O narrador". In: **Obras escolhidas. Magia e técnica, arte e política**. São Paulo: Editora Brasiliense, 1986.

BERNSTEIN, Charles. "Provisional institutions: alternative presses and poetic innovation". In: **My way: Speeches and poems**. Chicago: University of Chicago, pp. 145-154, 1999.

BLANCHOT, Maurice. "Sobre la amistad" (trad. Cristina Rodríguez Marcial). [**Pour l'amitié**. Tours: Fárrago, 2000]. Disponível em: www.jacquesderrida.com.ar/restos/blanchot_amistad.htm. Acesso em: 12 de março de 2011.

_____. **La amistad**. Madri: Editorial Trotta, 2007.

_____. **La communauté inavoulable**. Paris: Minuit, 2005.

BOTTO, Malena. "1990-2000. La concentración y la polarización de la industria editorial". In: DE DIEGO, José Luis (ed.) **Editores y políticas editoriales en Argentina, 1880-2000**. Buenos Aires: Fondo de Cultura Económica, pp. 209-250, 2006.

BOURDIEU, Pierre. **As regras da arte: gênese e estrutura do campo literário**. (trad. Maria Lucia Machado) São Paulo: Companhia das Letras, 1996.

BOURRIAUD, Nicolas. **Estética relacional**. (trad. Denise Bottman) São Paulo: Martins, 2009.

BREA, José Luis. **El tercer umbral. Estatuto de las prácticas artísticas en la era del capitalismo cultural**. Murcia: CENDEAC, 2004.

BRECHT, Bertold. "Apague as pegadas". In: **Poemas 1913-1956**. São Paulo: Editora 34, 2000.

CAMARGO, Maria Lúcia de Barros. "Revistas Literárias e a Poesia Brasileira Contemporânea". In: **Boletim de Pesquisa Nelic, nº4**. Santa Catarina: Imprensa Universitária, 1999.

_____. "Plus élire que lire". A poesia e suas revistas no final do século XX. In: CAMARGO, Maria Lucia de Barros; PEDROSA, Celia (orgs.). **Poesia e contemporaneidade: leituras do presente**. Chapecó: Argos, 2001.

_____. "Dos poetas e/em suas revistas". In: PEDROSA, Celia; ALVES, Ida (orgs.). **Subjetividades em devir. Estudos de poesia moderna e contemporânea**. Rio de Janeiro: 7Letras, 2008.

CAMARGO, Maria Lucia de Barros; PEDROSA, Celia (orgs.). **Poesia e contemporaneidade: leituras do presente**. Chapecó: Argos, 2001.

CÁRCAMO-HUECHANTE, Luis E.; FERNANDEZ BRAVO, Álvaro; LAERA, Alejandra (comp.). **El valor de la cultura**. Rosario: Beatriz Viterbo, 2007.

CASTELLS, Manuel. **A sociedade em rede. A era da informação: economia, sociedade e cultura**. São Paulo: Paz e Terra, 1999.

CEDEÑO, Jeffrey. "Literatura y mercado: algunas reflexiones desde América Latina". In: **Revista Nuevas Sociedad**, nº 230, pp. 72-83, nov./dez. de 2010.

COHN, Sergio. (2006). Entrevista por Alberto Pucheu, para *Germina*. In: **Revista de Literatura e Arte**. Disponível em: http://www.germinaliteratura.com.br/pcruzadas_scohn_nov2006.htm. Acesso em: 8 de junho de 2010.

_____. (2008). Entrevista por Heyk Pimenta. In: **Revista Agulha**, nº 3, agosto 2008. Disponível em: www.revista.agulha.nom.br?ag68revista03.htm. Acesso em: 8 de junho de 2010.

COMPAGNON, Antoine. **O trabalho da citação**. Belo Horizonte: Editora UFMG, 1996.

DE LIMA, Manoel Ricardo. "Um gesto extensivo". In: **55 começos**. Florianópolis: Editora da Casa, 2008.

_____. "Arquitetura do Não". In: **55 começos**. Florianópolis: Editora da Casa, 2008.

DELEUZE, Gilles. **Lógica del sentido**. Buenos Aires: Paidós, 2008.

_____."Deleuze/Spinoza. Cours 24/01/1978". **Les cours de Gilles Deleuze**. Disponível em: www.webdeleuze.com/php/textephp?cle=194&groupe=Spinoza. Acesso em: maio de 2010.

DELEUZE, Gilles; GUATTARI, Félix. **O que é a filosofia?** (trad. Bento Prado Jr. e Alberto Alonso Muñoz) Rio de Janeiro: Editora 34, 1992.

_____. **Mil mesetas. Capitalismo e esquizofrenia**. (trad. José Vazquez Pérez) Valencia: Pre-Textos, 2002.

DERRIDA, Jacques. **Politiques de l'amitié**. Paris: Editions Galilée, 1994.

_____. "Las muertes de Barthes" Aparecido en Poétique nº 47, 1981. (trad. Raymundo Mier) In: DERRIDA, J. **Las muertes de Roland Barthes**. Taurus, México, D.F., agosto de 1999. Edição digital de *Derrida en castellano*. Disponível em: http://www.jacquesderrida.com.ar/textos/barthes.htm#_edn5.

_____. **Mal de arquivo. Uma impressão freudiana**. Rio de Janeiro: Relume Dumará, 2001.

DOMENECK, Ricardo. "Seleção e síntese: resposta a uma resenha". Disponível em: http://revistamododeusar.blogspot.com/2008_01_01_archive.html. Acesso em: 21 de janeiro de 2011.

DORIA, Carlos Alberto. "É chato dizer, mas a Lei Rouanet fracassou". In: **Tropico**. 2003. Disponível em: http://pphp.uol.com.br/tropico/html/textos/1411,1.shl. Acesso em: 12 junho de 2011.

ESPOSITO, Roberto. **Communitas: origen y destino de la comunidad**. Buenos Aires: Amorrortu, 2007.

FOUCAULT, Michel. "De la amistad como modo de vida". Entrevista realizada por René de Ceccaty, J. Danet e J. Le Bitoux/Letra S, *Gai Pied*. Paris, 1981.

_____. **As palavras e as coisas. Uma arqueologia das ciências humanas**. (trad. Salma Tannus Muchail). Martins Fontes: São Paulo, 2000.

_____. "Moral e prática de si". In: **História da sexualidade 2, o uso dos prazeres**. Rio de Janeiro: Graal, 1984.

_____. "O Que é um Autor?". In: **Estética: literatura e pintura, música e cinema**. (Manoel Barros de Motta org.) Rio de Janeiro: Forense Universitária, 2001.

GARRAMUÑO, Florencia. "O império dos sentidos: poesia, cultura e heteronomia". In: PEDROSA, Celia; ALVES, Ida (orgs.). **Subjetividades em devir. Estudos de poesia moderna e contemporânea**. Rio de Janeiro: 7Letras, 2008.

_____. "La literatura en un campo expansivo y la indisciplina del comparatismo". In: **Cadernos de Estudos Culturais: literatura comparada hoje**, Campo Grande, vol. nº 1, nº 2, 2009.

GOETHE, Johann W. **As afinidades eletivas**. (trad. Erlon José Pascoal) São Paulo: Nova Alexandria, 1992.

HOLLANDA, Heloisa Buarque de. **Esses poetas. Uma antologia dos anos 90**. Rio de Janeiro: Aeroplano, 2001.

JACOBY, Roberto. "Los colectivos hacen sufrir. Contradicciones íntimas de la amistad en el arte" (Conferencia en Periférica. Arte de Base), *Ramona*, nº 69, Bs. As., 2007.

JAY, Martin. **Campos de fuerza**. Buenos Aires: Paidós, 2003.

KLINGER, Diana. **Escritas de si, escritas do outro**. Rio de Janeiro: 7Letras, 2007.

KUITCA, Guillermo. **Guillermo Kuitca: Obras 1982/2002** (catálogo). Buenos Aires: MALBA Colecccion Costantini, 2003.

_____. "Otras escenas de literatura. Sobre las letras argentinas em tiempos recientes". In: **Revista Iberoamericana**, vol. III, nº 29, 2008, pp. 157-174.

LÓPEZ, Gustavo. "Chicho editor", entrevista para *Ría Revuelta*, maio 2007 [a]. Disponível em: http://riarevuelta.blogspot.com/2007/05/chicho-editor-parte-2.html. Acesso em: 12 de março de 2011.

_____. "Gustavo López, VOX e futebol", entrevista para *Cronopios*, novembro 2007 [b]. Disponível em: http://www.cronopios.com.br/site/artigos.asp?id=2890. Acesso em: 12 de março de 2011.

LYOTARD, Jean-François. "Reescribir la modernidad". In: **Lo inhumano. Charlas sobre el tiempo**. Buenos Aires: Manantial, 1998.

_____. **La condición posmoderna**. Barcelona: Planeta Agostini, 1992.

MACHADO, Cassiano Elek. "Editoras criam 'sociedade dos poetas vivos'". In: **Folha de S. Paulo**, 22 de fevereiro de 2003. Disponível em: http://www1.folha.uol.com.br/folha/ilustrada/ult90u30902.shtml. Acesso em: 3 de junho de 2009.

MALLOL, Anahí. "Nuevos formatos, nuevas lecturas: poesía, velocidad y consumo en los 90". In: **Expoesia. I Jornadas Internacionales: Poesía y Experimentación**, 2006. Disponível em: http://www.expoesia.com/ponencias_06.html.

MATTONI, Silvio. **El presente. Poesia argentina y otras lecturas**. Buenos Aires: Alción, 2008.

MAZZONI, Ana; SELCI, Damián. "Poesía actual y cualquierización". In: *Tres décadas de poesia argentina* (Jorge Fondenbrider comp.). Buenos Aires: Libros del Rojas, 2006. Disponível em: http://www.elinterpretador.net/26AnaMazzoniYDamianSelci-PoesiaActualYCualquierizacion.html. Acesso em: 12 de abril de 2008.

MORICONI, Ítalo. "Pós-modernismo e volta do sublime na poesia brasileira". In: PEDROSA, Celia; MATOS, Cláudia; NASCIMENTO, Evando. (orgs.) **Poesia hoje**. 1ª ed. Niterói: EdUFF, 1998.

_____. "Qualquer coisa fora do tempo e do espaço (poesia, literatura. Pedagogia da barbárie)". In: ANDRADE, Ana Luiza *et al* (orgs.). **Leituras do ciclo**. Florianópolis: ABRALIC/ Chapecó/ Grifos, 1999.

_____. "Prefácio". COHN, Sergio (org.). **Inquietação-guia – 15 poetas em torno da Azougue**. Rio de Janeiro: Azougue, 2009.

_____. "Circuitos contemporâneos do literário (indicações de pesquisa)". In: **Revista Gragoatá**, Niterói, nº 20, p. 147-163, 1º sem. de 2006.

_____. "Poesia 00: Nota de apresentação e miniantologia". In: **Margens/Margenes**, Belo Horizonte, nos 9-10, 2008.

NANCY, Jean-Luc. **La comunidad inoperante**. (trad. Juan Manuel Garrido) Santiago de Chile: Universidad Arcis, 2000.

_____. **A la escucha**. (trad. Horacio Pons) Buenos Aires: Amorrortu, 2007 [a].

_____. "Conloquium". In: ESPOSITO, Roberto. **Communitas: origen y destino de la comunidad**. Buenos Aires: Amorrortu, 2007 [b].

_____. **Las musas**. (trad. Horacio Pons) Buenos Aires: Amorrortu, 2008.

PAIVA, Raquel (org.). **O retorno da comunidade: os novos caminhos do social**. Rio de Janeiro: Mauad, 2007.

PEDROSA, Celia; MATOS, Cláudia; NASCIMENTO, Evando. (orgs.). **Poesia hoje**. 1ª ed. Niterói: EdUFF, 1998.

_____. "Apresentação" In. CAMARGO, Maria Lucia de Barros, e PEDROSA, Celia (orgs.). **Poesia e contemporaneidade: leituras do presente**. Chapecó: Argos, 2001.

_____. "Poesia contemporânea: crise, mediania, transitividade (uma poética do comum)". In: PEDROSA, Celia e ALVES, Ida (orgs.). **Subjetividades em devir. Estudos de poesia moderna e contemporânea**. Rio de Janeiro: 7Letras, 2008.

_____ (org.). **Mais poesia hoje**. Rio de Janeiro: 7Letras, 2000.

_____. "A poesia e a prosa do mundo". In: *Gragoatá*, nº 28. **Revista da Pós-Graduação em Letras**. Niterói: EdUFF, 2º sem. de 2010.

PELBART, Peter Pal. "Elementos para uma cartografia da grupalidade". In: *itaucultural.com*. Disponível em: http://www.itaucultural.org.br/proximoato/pdf/textos/textopeterpelbart.pdf. Acesso em: 23 de setembro de 2010.

PEREIRA, Carlos Alberto Messeder. **Retrato de época. Poesia Marginal. Anos 70**. Rio de Janeiro: Funarte, 1981.

PERNIOLA, Mario. **Do sentir**. (trad. Antonio Guerreiro) Lisboa: Editorial Presença, 1993.

_____. **Contra a comunicação**. (trad. Luisa Raboline) São Leopoldo: UNISINOS, 2006.

PORRÚA, Ana. "Poesía argentina en la red". In: **Punto de vista**, Buenos Aires, nº 90, abril de 2008. Disponível em: http://laseleccionesafectivas.blogspot.com/2008/05/poesa-argentina-en-la-red.html. Acesso em: 6 de outubro de 2008.

_____. "Una polémica *a media voz*: objetivistas y neo-barrocos en el *Diario de Poesía*". In: **Boletín del Centro de Estudios de Teoría y Crítica Literaria**, Facultad de Humanidades y Artes, Univ. Nac. de Rosario, nº 11, pp. 59-69, dez. de 2003.

_____. "Notas sobre la antología de un poeta". In: **bazaramericano**. Dez. de 2001. Disponível em: www.bazaramericano.com.

ROSENFIELD, Kathrin Holzermayr. "Prefácio". In: GOETHE, Johann W. **As afinidades eletivas**. (trad. Erlon José Pascoal) São Paulo: Nova Alexandria, 1992.

SALAS, Leonardo. **Sobre la visualización dinámica de la bola de nieve**. Disponível em: http://boladenieve.org.ar/sobre_la_red. Acesso em: 6 de julho de 2010.

SANTIAGO, Silviano. "Singular e anônimo". In: **Nas malhas da letra**. São Paulo: Companhia das Letras, 2002.

_____. "O assassinato de Mallarmé". In: **Uma literatura nos trópicos**. São Paulo: Perspectiva, 1978.

_____. Entrevista com Revista Azougue. In: **Revista Azougue**, nomadismo/habitar, nº 12, pp. 3-10, fev. de 2007.

_____. "Democratização no Brasil 1979-1981 (Cultura versus Arte)". In: **O cosmopolitismo do pobre**. Belo Horizonte: UFMG, 2004.

SCHITTINE, Denise. **Blog: comunicação e escrita íntima na internet**. Rio de Janeiro: Civilização Brasileira, 2004.

SCRAMIM, Susana. "Pós-história, pós-crítica e a poesia por-vir". In: ANTELO, Raúl; DE BARROS CAMARGO, Maria Lúcia. **Pós-crítica**. Florianópolis: Letras Contemporâneas – Oficina Editorial Ltda., 2007.

_____. "Apresentação". In AZEVEDO, Carlito. **Carlito Azevedo por Susana Scramim**. (col. Ciranda da Poesia) Rio de Janeiro: EDUERJ, 2010.

SIBILIA, Paula. **O show do eu**. Rio de Janeiro: Nova Fronteira, 2008.

SISCAR, Marcos. **Poesia e crise**. São Paulo: UNICAMP, 2010.

SÜSSEKIND, Flora. "A poesia andando". In: **A voz e a série**. Rio de Janeiro/Belo Horizonte: 7Letras/ Ed.UFMG, 1998.

THAYER, Willy. "Aura serial: la imagen en la era del valor exhibitivo". In: CÁRCAMO-HUECHANTE, Luis E.; FERNANDEZ BRAVO, Álvaro; LAERA, Alejandra (comp.). **El valor de la cultura**. Rosario: Beatriz Viterbo, 2007.

TONON, Elisa Helena. **Configurações do presente: crítica e mito nas antologias de poesia**. Dissertação de mestrado, UFSC, março de 2009.

_____. "O arquivo Inimigo Rumor". Escolhas e afinidades. In: **Boletim de pesquisa NELIC**, vol. 8, n°s 12/13, 2008. Disponível em: www.periodicos.ufsc.br/index.php/nelic. Acesso em: 1º de setembro de 2009.

VANOLI, Hernán. "Sobre editoriales literárias y la reconfiguración de una cultura". In: **Nueva Sociedad. Literatura y dinero. Ensayo, ficción y poesía**, nº 230, nov./dez. de 2010.

VINCENT-BUFFAULT, Anne. **Da amizade: Uma história do exercício da amizade nos séculos XVIII e XIX**. Rio de Janeiro: Jorge Zahar, 1996.

Sobre a autora

Luciana di Leone nasceu em Buenos Aires em 1980. Formou-se em Letras na Universidad de Buenos Aires. No Brasil, obteve os títulos de doutora em Literatura Comparada pela Universidade Federal Fluminense e de mestre em Literatura Brasileira pela Universidade do Estado do Rio de Janeiro. Hoje, dá aulas de Teoria Literária e realiza pesquisa de pós-doutorado na Universidade Federal de Santa Catarina. Publicou o livro *Ana C.: as tramas da consagração* (7Letras, 2008) e, entre outras organizações, conta-se *Experiencia, cuerpo y subjetividades* (Beatriz Viterbo, 2007), realizada junto a Florencia Garramuño e Gonzalo Aguilar.

Impressão e Acabamento:
GRÁFICA STAMPPA LTDA.
Rua João Santana, 44 - Ramos - RJ